essentials

essentials liefern aktuelles Wissen in konzentrierter Form. Die Essenz dessen, worauf es als „State-of-the-Art" in der gegenwärtigen Fachdiskussion oder in der Praxis ankommt. *essentials* informieren schnell, unkompliziert und verständlich

- als Einführung in ein aktuelles Thema aus Ihrem Fachgebiet
- als Einstieg in ein für Sie noch unbekanntes Themenfeld
- als Einblick, um zum Thema mitreden zu können

Die Bücher in elektronischer und gedruckter Form bringen das Expertenwissen von Springer-Fachautoren kompakt zur Darstellung. Sie sind besonders für die Nutzung als eBook auf Tablet-PCs, eBook-Readern und Smartphones geeignet. *essentials:* Wissensbausteine aus den Wirtschafts-, Sozial- und Geisteswissenschaften, aus Technik und Naturwissenschaften sowie aus Medizin, Psychologie und Gesundheitsberufen. Von renommierten Autoren aller Springer-Verlagsmarken.

Weitere Bände in der Reihe http://www.springer.com/series/13088

Hans Joachim Hoppe

Hidden Agenda

Wenn Führung aus dem Ruder läuft

Hans Joachim Hoppe
Leipzig, Deutschland

ISSN 2197-6708   ISSN 2197-6716   (electronic)
essentials
ISBN 978-3-658-22451-6   ISBN 978-3-658-22452-3   (eBook)
https://doi.org/10.1007/978-3-658-22452-3

Die Deutsche Nationalbibliothek verzeichnet diese Publikation in der Deutschen Nationalbibliografie; detaillierte bibliografische Daten sind im Internet über http://dnb.d-nb.de abrufbar.

Grafiken: Anita Kriebel, Leipzig, Deutschland

Gedruckt auf säurefreiem und chlorfrei gebleichtem Papier

Springer Gabler ist ein Imprint der eingetragenen Gesellschaft Springer Fachmedien Wiesbaden GmbH und ist ein Teil von Springer Nature
Die Anschrift der Gesellschaft ist: Abraham-Lincoln-Str. 46, 65189 Wiesbaden, Germany

Was Sie in diesem *essential* finden können

- Ein Kompendium der häufigsten Fehler von Führung
- Führungsschwächen erkennen und vermeiden
- Wie Sie sich vor Fehlern schützen können
- Ob die vorherrschende Führungskultur zu Ihnen passt
- Wie Sie unter schwierigen Rahmenbedingungen erfolgreich führen

Vorwort: Von Tätern und Opfern

Fehler – welch schreckliches Wort. Wir haben uns daran gewöhnt, über Fehler nur hinter vorgehaltener Hand zu sprechen. Dabei ist es gut, aus Fehlern zu lernen, wenngleich auch nicht neu. Aus eigenen Fehlern zu lernen, ist dabei die schmerzlichste Methode. Müssen wir uns wirklich immer erst die Finger am sprichwörtlichen „heißen Ofen" verbrennen, um zu lernen?

Führungskräfte sind vor Fehlern nicht gefeit. Wer sich kritisch reflektiert, wird sich nicht nur an eine Situation erinnern, in der etwas nicht „nach Plan" gelaufen ist. In unserer von Innovations- und Komplexitätsrasanz getriebenen Welt kann heute je nach Position und Unternehmensgröße bereits ein Fehler fatalen Schaden anrichten. Wenn noch verdeckte oder verschleierte Absichten ins Spiel kommen, eben eine „Hidden Agenda", dann wird es brandgefährlich. Doch auch viele „kleine" Fehlentscheidungen können sich so summieren, dass förmlich die „Luft brennt" oder das Unternehmen gelähmt wird.

Wie auch immer, Fehler bleiben in Erinnerung, und das sollten sie auch, zumindest, um sie nicht zu wiederholen. Fehler bleiben aber auch an der Führungskraft haften, wie ein Brandmal. Da hilft es nicht, wenn die Führungskraft jahrelang erfolgreich war. „Clevere" Führungskräfte verlassen dann schnell das Unternehmen, meist bevor der Schaden sichtbar wird oder noch mehr Schaden entsteht.

Fehler werden auch deshalb selten beim Namen genannt, weil sich der „Schuldige" in einer komplexen Situation sowieso kaum ermitteln lässt. Erschwerend kommt hinzu, dass es in den meisten Unternehmen keine Fehlerkultur gibt, also die Frage des Umgangs mit Fehlern nicht geklärt ist. Zudem sind Rolle, Aufgabe und Kompetenz oft nicht hinreichend geklärt, was Scheitern in komplexen Situationen zu einer Leichtigkeit macht.

Eigentlich grenzt es schon an ein Wunder, dass unter solchen Rahmenbedingungen überhaupt noch jemand Führungskraft werden will. Das Mittelmanagement hat es dabei besonders schwer. Während das Top Management die Täterrolle innehat, nimmt das Mittelmanagement durch seine „Sandwich-Position" eine Täter- und Opferrolle zugleich ein. Die Mitarbeiter hingegen sind immer Opfer. Aufgrund der besonderen Rolle zielt das Buch zwar auf das Mittelmanagement ab, doch die beschriebenen Führungsschwächen ziehen sich durch alle Führungsetagen.

Die Möglichkeiten zu Scheitern scheinen gegen unendlich zu gehen. Dieses Buch gibt aus der Führungserfahrung des Autors ausgewählte „Klassiker" in kompakter Form wider und soll Führungskräften die Möglichkeit geben, aus Fehlern *anderer* zu lernen. Gute Führung benötigt natürlich noch viel mehr. Deshalb kann auch dieses Buch nicht mehr als ein Mosaikstein im großen Mosaik des Führungswissens sein.

Leipzig   Hans Joachim Hoppe
im März 2018

Inhaltsverzeichnis

Was ist passiert, wenn

- Autohersteller die Abgaswerte manipulieren (Dahlkamp et al. 2017)
- Energiekonzerne die Energiewende verschlafen (dpa 2016)
- Großbanken den Markt manipulieren (Reuters 2017)
- Ein weltmarktführender Mobiltelefon-Hersteller in der Bedeutungslosigkeit versinkt (Asche 2014)
- Ein ehemals weltmarktführender Küchenhersteller Insolvenz anmelden muss (beb/dpa 2017)
- Sich Vorstände durch Insiderhandel die Taschen vollstopfen (Hesse 2017)
- Eine Regierungsbildung scheitert (rtr/dpa 2017).

Hier hat Führung versagt! Die Beispiele ließen sich fortsetzen (Sattelberger 2018).

Führungsschwäche führt zwangsläufig zu Fehlern. Und Fehler haben bekanntlich Folgen: Ziele werden nicht erreicht, die Produktivität sinkt, die Unternehmenszahlen stimmen nicht, es werden keine Boni gezahlt bzw. Gehaltserhöhungen fallen aus, die Motivation ist am Boden, die Fluktuation steigt. Im schlimmsten Falle muss das Unternehmen Insolvenz anmelden. Es gibt viele Gründe, warum Führung aus dem Ruder laufen kann, von Unwissenheit über Fahrlässigkeit und Ignoranz bis hin zu „Politik", in der Managersprache die berühmte „Hidden Agenda".

Der Zweck eines Unternehmens ist das Überleben, wofür sich das Unternehmen/die Organisation immer wieder neu erfinden muss. Dazu werden meist externe Berater hinzugezogen. Warum eigentlich? Ist das eventuell schon ein Zeugnis von Führungsschwäche? Nicht doch! Die Berater kennen die Branche und deren Analysen bringen oft erstaunliches an den Tag. Auf jeden Fall müsse

© Springer Fachmedien Wiesbaden GmbH, ein Teil von Springer Nature 2018   1
H. J. Hoppe, *Hidden Agenda*, essentials,
https://doi.org/10.1007/978-3-658-22452-3_1

das Unternehmen einen (längeren) Transformationsprozess starten, der allerdings zunächst den Mitarbeitern „verkauft" werden muss, denn schließlich sollen ja alle engagiert „mitziehen". Da wird häufig das Bild einer langen Reise benutzt, auf die sich die Mannschaft begeben wird. Alle sitzen im gleichen Boot und rudern in die gemeinsame Zukunft. Das erinnert an den französischen Piloten und Schriftsteller Antoine de Saint-Exupéry, der einmal sagte:

> Wenn Du ein Schiff bauen willst, dann rufe nicht (nur – der Autor) die Menschen zusammen, um Holz zu sammeln, Aufgaben zu verteilen und die Arbeit einzuteilen, sondern lehre sie die Sehnsucht nach dem großen, weiten Meer (Antoine de Saint-Exupéry 1939).

Offensichtlich überfordert dieses Zitat die meisten Berater und Führungskräfte im Top Management, denn sie nehmen den zweiten Teil wörtlich und lassen den ersten Teil außen vor. Vielleicht hätte dem Zitat in der deutschen Übersetzung ein „nur" an der richtigen Stelle gut getan. So jedoch wird das Ziel in pathetische Worte gefasst und wie ein Schlaraffenland dem Mittelmanagement und den Mitarbeitern verkauft. Hauptsache, alle sind hungrig. Der Weg dorthin bleibt fast immer offen, heißt: Wir rudern erst mal los und machen uns unterwegs einen Plan.

Mitarbeiter und Führungskräfte wollen wissen, wo in dieser Vision ihr Platz ist oder ob sie dort überhaupt noch einen Platz haben. Demzufolge brodelt die Gerüchteküche, die graue Organisation wird zur wichtigsten Kommunikationsplattform, die meiste Energie geht in die „Informationsbeschaffung" und die tatsächliche Leistungszeit geht zurück.

Der Autor hat nicht vor, hier nun einen Abriss über Führung in Veränderungsprozessen zu schreiben. Dazu gibt es hervorragende Literatur. Der Autor will dieses Beispiel als Ausgangspunkt nutzen, um große und kleine Fehler im täglichen Führungsprozess transparent zu machen und auf diese Weise Führungskräfte zu sensibilisieren und zu schützen.

Führung und Motivation

Es ist schon viel über Führung geschrieben worden. Warum also noch ein Buch?

Gerade in unserer immer komplexer werdenden und sich rasant ändernden Welt ist Führung mehr denn je gefordert. Auch die von Managern und Beratern viel beschworene Digitale Transformation erfordert erst recht Führung. Die Führungskraft wird zum Coach im permanenten Veränderungsprozess (Okun und Hoppe 2017). Dabei muss jede Führungskraft einen eigenen Weg finden. Was aber nicht heißt, dass Führungskräfte *durch eigene Fehler* lernen sollen (jeder könnte der letzte ihrer Karriere sein), sondern *von den Erfahrungen* der anderen.

Besonders als Mittelmanager ist es überlebenswichtig, Führungsfehler zu erkennen. Sind es die eigenen, ist Reflexion hilfreich. Sind es die Führungsfehler des Top Managements, gilt es, eine Entscheidung zu treffen: ist eine Intervention möglich oder kann die Führungskraft damit leben, ohne Schaden zu nehmen oder ist es gar besser, das Unternehmen zu verlassen? Doch wer will heute noch kämpfen, wenn sich im Management die Regel „Ober sticht Unter" durchgesetzt hat. Die Guten gehen dann bekanntlich zuerst.

Die „Basis" reagiert dagegen oft gelassen: „Ich habe schon viele Sterne am Himmel aufgehen und wieder verglühen sehen." Dieser Ausspruch stammt von einem gestandenen Mitarbeiter, der bereits einige Führungskräfte überlebt hat. Soll heißen, die hochgelobt und mit Vorschusslorbeeren eine Führungsposition übernommen haben, waren nach relativ kurzer Zeit „sang- und klanglos" wieder weg. Soll aber auch heißen, die Basis hat einfach so weiter gemacht, wie bisher und deshalb ist größerer Schaden ausgeblieben. Dennoch, in den meisten Fällen wurden die angestrebten Ziele nicht erreicht. Zum Glück blieb es jedoch bei „etwas" Geld, mit dem der Führungskraft der Abschied erleichtert wurde.

Die jährliche Gallup-Studie ist ein Beleg dafür, dass in den Führungsetagen einiges schief läuft. Wenn seit über 10 Jahren die Zahl der motivierten Mitarbeiter bei nur 15 % liegt, 70 % Dienst nach Vorschrift machen und die restlichen 15 % bereits innerlich gekündigt haben, dann besteht akuter Handlungsbedarf, um diese gewaltige Ressourcenverschwendung zu stoppen (Gallup 2017).

Manager und/oder Führungskraft
Wird in diesem Buch von Management gesprochen, dann wird zwischen den Begriffen „Manager" und „Führungskraft" nicht unterschieden. Und dennoch: Ein guter Manager muss noch lange keine gute Führungskraft sein! Haarspalterei? Der Manager regelt Dinge und Prozesse. Die Führungskraft gibt den Mitarbeitern einen Sinn in ihrem Handeln und plant die Zukunft des Unternehmens. Dabei werden die Grenzen zwischen Manager und Führungskraft durch die zunehmende Entstrukturierung immer fließender. Ein Manager ohne Führungsfähigkeiten wird heute schon nach kurzer Zeit scheitern. Ebenso wird eine Führungskraft ohne Management-Fähigkeiten auf Dauer nicht bestehen können.

Fehler gehen in der Regel auf Entscheidungen oder auch nicht getroffene Entscheidungen zurück. Deshalb kommt hier noch der Begriff des Entscheiders ins Spiel. Manager und Führungskräfte dürfen oft nur eingeschränkt handeln oder gar keine Entscheidungen treffen. Das trifft vor allem auf Mittelmanager zu, die führen müssen und zugleich geführt werden (oder auch nicht). Die Entscheider stehen weiter oben in der Hierarchie, was sie oft zu schlechten Führungskräften macht, weil sie keinen direkten Kontakt mehr zur „Basis" haben, sondern sich mit dem Mittelmanagement „herumplagen" müssen. Da ist es natürlich bequemer, Anweisungen zu geben, anstatt Entscheidungen gemeinsam vorzubereiten. Solange das gut geht, ist der Entscheider der unangefochtene Held. Geht es schief, kann er immer noch dem Mittelmanagement die Schuld geben, welches die Entscheidung falsch oder nicht zeitnah umgesetzt hat. *Führung auf Augenhöhe* und nicht von oben herab wäre der risikoärmere Weg.

Richtig oder falsch – die Schuldfrage

Wenn wir unter komplexen Rahmenbedingungen Entscheidungen treffen, müssen wir uns von Begriffen wie „richtig" und „falsch" verabschieden. Meist gibt es mehr als eine Wahlmöglichkeit. Wer also eine Entscheidung trifft, geht immer das Risiko des Scheiterns ein. Wir wägen das Für und Wider ab, und entscheiden dann nach unserem Gusto, mit unserem Wissen, unserer Erfahrung oder auch aus dem Bauch heraus (Hoppe et al. 2017). Die Entscheidung war in dem Moment, als wir sie getroffen haben, weder richtig noch falsch, sie war plausibel.

Stellt sich im Nachhinein heraus, dass die Entscheidung nicht zielführend war, macht es daher keinen Sinn, eine Wertung nach „richtig" oder „falsch" vorzunehmen oder gar einen Schuldigen zu suchen. Reflexivität ist angezeigt, und wenn die ersten Anzeichen von unerwünschten Nebenwirkungen auftreten, muss eine *neue* Entscheidung getroffen werden.

Wer scheitert, hat nach gängigen Denkmustern offensichtlich eine „falsche Entscheidung" getroffen und die Schuld zu tragen. So die Religion im Management. Zugegeben, die Informationsvielfalt heute ist eine Herausforderung für Führungskräfte. Bei der Fülle der zur Verfügung stehenden Daten und Informationen ist es nicht mehr möglich, vorher alle Folgen einer Entscheidung zu analysieren. Was die Schuldfrage betrifft, hält es der Autor daher mit Backhausen (2009): Nur wer zum Zeitpunkt einer Entscheidung etwas noch nicht wissen konnte, ist schuldfrei. Das heißt auch, dass eine Führungskraft eine wichtige Information nicht ignorieren darf, was in der Praxis leider oft genug vorkommt. Entscheidungen erfordern Mut, genau den Mut, der eine Führungskraft auszeichnet.

Da also immer erst im Nachhinein bewertet werden kann, ob eine Entscheidung richtig oder falsch war, kann vorher in der Regel nur geprüft werden, ob die gleiche Idee schon mal gescheitert ist. Doch eine Idee, die in dem einem Unternehmen funktioniert hat, muss noch lange nicht in einem anderen Unternehmen funktionieren.

BWL versus Innovation

Manager der „alten Garde" werden sich jetzt darin bestätigt sehen, dass es gut ist, eine Entscheidung „reifen" zu lassen, sie manchmal auszusitzen oder gar nicht zu treffen. „Wer nichts macht, macht keine Fehler." Dieses geflügelte Wort hält den Anforderungen an Management nicht stand. „Man kann nicht nicht kommunizieren" formulierte bereits Watzlawick in seiner ersten Grundregel der Kommunikation. Dennoch passiert es im Management tagtäglich, dass Entscheidungen nicht getroffen, ausgesessen oder gar blockiert werden. Dabei steht für jede Entscheidung immer nur ein bestimmtes Zeitfenster (Okun und Hoppe 2017) zur Verfügung. Wird in diesem Zeitfenster nicht gehandelt, passiert nicht einfach nichts. Ein Wettbewerber wird die Entscheidung treffen. Das Risiko zu scheitern ist der Grund, warum Entscheidungen nicht getroffen werden. Leider gibt es nicht wenige Manager, die das Risiko scheuen. Sie „ducken sich ab", um nicht in den Fokus zu geraten. Das mag für sie selbst (eine Zeit lang) funktionieren, doch sie vergessen, welche Auswirkungen das auf andere Manager und Mitarbeiter hat. Manager, denen der Mut zum Risiko fehlt, sind wie Mehltau für ein Unternehmen.

Zum Glück für uns alle gibt es auch Führungskräfte, die ihren Job gelernt haben. Sie haben erkannt, dass Nachhaltigkeit eines Unternehmens nur durch Innovation erreicht werden kann. Und Innovation ist nun einmal ohne risikobehaftete Entscheidung nicht möglich. Führung ist zum Beruf geworden, doch diesen Job zu *lernen,* ist nach wie vor nicht einfach. Die Masse der Führungstrainings wird den tatsächlichen Anforderungen an Führung nicht *nachhaltig* gerecht. Dieses Buch ersetzt kein Führungstraining, doch für Manager, die sich zumindest regelmäßig reflektieren, soll es Hilfestellung und Anregung sein.

Von Fettnäpfchen bis Größenwahn 2

Im Kap. 1 wurde der Bau eines Schiffes zitiert, weil es oft nur um das Ziel geht und nicht, wie die Mannschaft dorthin gelangt. Nun war es diesmal nicht ein Schiff, sondern das Auto, um welches sich einer der „abgefahrensten" Skandale der jüngsten deutschen Wirtschaftsgeschichte gerankt hat. An diesem Beispiel ist sehr gut ersichtlich, wie komplexe Gemengelagen heute Fehler förmlich provozieren, mit verheerenden Auswirkungen. Meist kommen mehrere Faktoren zusammen: ausgehend von gesellschaftlichen Rahmenbedingungen, über den Organisationen und Unternehmen auferlegte Sachzwänge, mangelnde Innovationsfähigkeit, bis hin zu Persönlichkeitseigenschaften, die in Summe die Garantie für das Scheitern darstellen. Wie so oft, hat es niemand kommen sehen (wollen). Dabei ist es immer nur eine Frage der Zeit.

Andererseits geht es nicht darum, Fehler grundsätzlich zu vermeiden. Wenn keine Fehler passieren, hat die Organisation auch keine Chance, daraus zu lernen und sich zu entwickeln. Wer versucht, Fehler zu vermeiden und an *Standard*prozessen ewig festhält, wird *Entwicklungs*prozesse lähmen. Eine Organisation benötigt heute den ständigen Wandel, um sich dem Wandel der Umwelt nicht nur anzupassen, sondern eine führende Rolle einzunehmen und damit ihre Nachhaltigkeit zu sichern. Es kann daher lediglich darum gehen, bekannte Fehler zu vermeiden. Das schließt jedoch nicht aus, dass noch genügend Potenzial für neue Fehler vorhanden ist, welche die gesamte Führungs*kraft* fordern.

Dem Leser wird auffallen, dass es viele Parallelen zwischen den nachfolgenden Beispielen gibt, Fehler das Potenzial der „Vernetzung" haben und damit auch Steigerungspotenzial besitzen, was ihre Wirkung noch verschärft.

Im Folgenden wurde der Versuch unternommen, die Führungsschwächen wichtigen Aspekten von Führung zuzuordnen.

© Springer Fachmedien Wiesbaden GmbH, ein Teil von Springer Nature 2018   7
H. J. Hoppe, *Hidden Agenda*, essentials,
https://doi.org/10.1007/978-3-658-22452-3_2

2.1   Strategie und Taktik

> Die Aufgabe der Manager besteht darin, die Bedürfnisse der Gesellschaft in Möglich-
> keiten für eine rentable Unternehmenstätigkeit zu verwandeln (Peter F. Drucker).

Bei Strategie geht es um etwas Langfristiges, meist über Jahre, und etwas Nach-
haltiges, das dem Überleben eines Unternehmens dient. Die Taktik dient der
Umsetzung der Strategie. Sie legt die einzelnen Schritte zum großen Ziel fest,
sie muss flexibel auf äußere Einflüsse, z. B. des Marktes, Naturkatastrophen oder
Cybercrime reagieren und das Unternehmen durch eine komplexe, vernetzte,
volatile und damit unberechenbare Umwelt navigieren. Als wären diese Rahmenbedingungen nicht schon herausfordernd genug, lauern im Umgang damit und
den persönlichen Ansprüchen an Führung die ersten Gefahren des Scheiterns.

Management Top-Down
Unter den oben beschriebenen Rahmenbedingungen hat der alte Top-Down-
Ansatz ausgedient. Dennoch wird nach wie vor von oben nach unten regiert.
Oder das Management zieht externe Berater hinzu und lässt sich die Strategie
erarbeiten. Was allein schon riskant ist, weil im Zeitalter von Industrie 4.0 viele
Scharlatane unterwegs sind (de Souza Soares 2018). Wenn dann noch die
Kommunikation versagt, zieht keiner mit und im Top Management wundert man
sich über die Schwerfälligkeit des Mittelmanagements bei der Umsetzung der
neuen Strategie. Die Veränderungen benötigen zu viel Zeit, die der Markt heute
nicht mehr lässt. Das Zeitfenster ist zu, die Strategie oder das neue Produkt sind
gescheitert. Schuldige werden gesucht.

Eine andere Variante: Im engsten Zirkel wird ein „Big Picture" gezeichnet. Dazu
wird meist noch eine Kommunikationsstrategie erarbeitet, um die Mitarbeiter nicht
zu überfordern. Wird das „Big Picture" danach vorgestellt und kommen die ersten
Fragen nach konkreten Prozessen und Schnittstellen oder gar nach Kompetenzen,
spätestens dann bekommt das Bild Risse. Beide Seiten reagieren mit Unverständ-
nis. Das Management hätte Dankbarkeit erwartet. Die operative Basis und die Mitarbeiter hätten einfach nur erwartet, dass sie vorher gefragt worden wären.

Wenn schon diejenigen, die eine Strategie umsetzen sollen, nicht an der
Erarbeitung der Strategie beteiligt werden, dann sollten sie wenigstens die Chance
bekommen, die Gedankengänge des Top Managements nachzuvollziehen. Doch hier
regiert immer noch das Anweisen über die Überzeugungsarbeit, eben Top-Down.

Warum nicht umgekehrt, also Bottom-Up?! Was spricht dagegen, diejenigen
in die Erarbeitung der Strategie einzubeziehen, die sie am Ende auch operativ
umsetzen müssen. Das einfachste Mittel ist, miteinander zu reden. Doch das

ist offenbar einfacher gesagt, als getan, wie wir in weiteren Beispielen noch sehen werden.

Wer es anspruchsvoller liebt, wird dafür nicht erst in der jüngsten Management-Literatur fündig. Bereits seit den siebziger Jahren gibt es die „Engpasskonzentrierte Strategie" (EKS), ein von Wolfgang Mewes entwickeltes Tool, mit dem sich in kürzester Zeit hervorragende Ergebnisse erzielen lassen. Und Fredmund Malik hat im Management Zentrum St. Gallen AG eine ganze Reihe von einzigartigen Management-Tools vereint und weiter entwickelt, darunter auch die EKS (Malik 2011).

Rockstars und Interimsmanagement

Bei Schieflage eines Unternehmens kommt oft ein externer Manager (gern Rockstar genannt) oder ein Interimsmanager zum Einsatz, weil den internen Managern der Mut zur Veränderung nicht zugetraut wird. Im Gegensatz zu den internen Managern sollen diese noch einen Schritt weitergehen. Sie sollen eine Strategie entwickeln und gleich selbst umsetzen, sprich hart durchgreifen und aufräumen. Das Ziel ist klar, das Unternehmen wieder profitabel zu machen.

Dennoch fällt die Bilanz der Interimsmanager eher nüchtern aus. Dafür sprechen mehrere Gründe. Sie sind oft Quereinsteiger, denen die Fachlichkeit fehlt und deren Strategie sich auf Kostenreduzierung beschränkt. Ist ein Unternehmen zu schnell gewachsen oder haben sich über die Zeit verkrustete und damit ineffiziente Strukturen entwickelt, dann kann eine Kostenreduzierung das Schiff tatsächlich wieder auf Kurs bringen.

Das allein löst jedoch noch nicht die Frage nach Nachhaltigkeit, sprich der Vorwärtsstrategie. Hier wird jeder Interimsmanager scheitern, wenn er nicht die Mitarbeiter für sich gewinnt. Erfolgreiche Manager gehen an die Basis, sprechen mit den Mitarbeitern und hören zu. Viele Manager haben jedoch Angst, in allererster Linie vor Kritik, jedoch auch vor den Ideen der Mitarbeiter, die sich schließlich klüger denken könnten als der Chef.

Gefragt ist eine gesunde Mischung aus Kostenbetrachtung und „Anstiftung" zu Innovation. Allein kann das ein Top-Manager nicht leisten. Dazu braucht er eine Mannschaft, auf die er sich verlassen kann. Das erreicht er nicht, in dem er sich treue Gefolgsleute mitbringt, sondern die Mannschaft überzeugt, dass die geplante Veränderung Vorteile für alle bringt.

Im Übrigen trifft das nicht nur auf das Top Management zu. Gerade durch das Mittelmanagement müssen die meisten Veränderungen gestemmt werden. Einziger Unterschied: während der Top-Manager vom Aufsichtsrat freie Hand erhält, muss sich der Mittelmanager für seine Aufgabe die Kompetenz erkämpfen. Nicht selten werden Mittelmanager bestellt, um einen Bereich auf Vordermann zu bringen, dabei jedoch so wenig wie möglich verändern sollen.

Hidden Agenda

Der eben geschilderte Fall lässt sich auch aus einer anderen Perspektive betrachten.

Organisationsberatung und -entwicklung sollen die Leistungsfähigkeit eines Unternehmens erhöhen oder den Wandel der Organisation begleiten. So das offiziell kommunizierte Ziel. Dahinter verbirgt sich jedoch häufig eine nicht offen kommunizierte *Hidden Agenda*. Die externe Beratung wird missbraucht, um eigenes Handeln gegenüber Aufsichtsrat oder Investoren nachzuweisen. Bei Scheitern des geplanten Wandels kann die Schuld extern zugewiesen werden, um die eigene Position nicht zu gefährden.

Warum holt sich ein Vorstand externe Berater oder setzt gar einen Interimsmanager ein? Ein Blick von außen ist gut und schön, doch gleich die ganze Strategie entwickeln und die Verantwortung dafür übernehmen? Das legt doch den Schluss nahe, dass hier von eigenen Schwächen abgelenkt werden soll. Gelingt der Wandel, kann sich das Top Management für die richtige Entscheidung und den Erfolg feiern lassen. Versagen die Berater oder der Interimsmanager, ist die Schuldfrage elegant geklärt.

Wie auch immer „der Plan hinter dem Plan" aussieht. Die *Hidden Agenda* ist immer und überall. Wir werden in den folgenden Kapiteln weitere Beispiele kennenlernen, die dem Leser helfen sollen, entsprechende Situationen zu erkennen und situationsgerecht zu agieren, um weder zum Täter, noch zum Opfer zu werden.

Der Fluch der Optimierung
Optimierung bedeutet, das Letzte herauszuquetschen, um den Gewinn zu steigern. Doch jeder Handwerker weiß, dass beim Festdrehen einer Schraube nach *fest* nicht *fester* kommt, sondern *ab*.

Bei endloser Optimierung werden Ressourcen maximal ausgebeutet. Von Dörner (1989) und Vester (2002) wissen wir, dass wir in „Ökosystemen" leben, die ein Leben und leben lassen erfordern oder besser ein Miteinander, wenn das System dauerhaft überleben soll. Daher hat jede Optimierung ihre Grenzen. Auch bei der Einsparung von Kosten ist schließlich bei Nullkosten Schluss. Dann kann allerdings auch das Unternehmen schließen. Trotz dieser Binsenweisheit lebt das Management weiter im „Optimierungswahn". Der Fluch der BWL liegt wie ein Schleier über den Unternehmen.

Wenn Betriebswirtschaftler im Unternehmen das Sagen haben, wird die am nächsten liegende Alternative ausgeblendet: Die Innovation. Anstatt „quer zu denken", regieren Prozess- und Kostenoptimierung. Statt Förderung von Innovationen wird der Weg des geringsten Widerstandes beschritten. Nur kein Risiko eingehen.

Dabei haben wir es heute mit einer Innovationsgeschwindigkeit zu tun, die dem geflügelten Wort: „Die Schnellen fressen die Langsamen." höchste Brisanz verleiht.

Innovation, aber wie?
Die nachhaltigste Form der Geschäftsentwicklung ist die Innovation. Das damit verbundene Wachstum des Unternehmens kann bekanntlich *organisch* oder *anorganisch* erfolgen.

Organische Formen, wie „Think Tanks" oder „Inhouse Startups" können sich nur die großen Unternehmen leisten, die – einerseits – über die erforderlichen Ressourcen und – andererseits – die finanziellen Mittel verfügen. Im Mittelstand fehlen häufig Zeit, Ressourcen, Marktanalyse, Strukturen und Budgets für Innovation – alle versinken im Tagesgeschäft und haben keine Zeit, über den Tellerrand hinauszublicken: „Das Management wird das schon tun. Strategie ist Aufgabe des Managements…" Doch das Management ist meist – in großen, wie in kleineren Unternehmen – viel zu weit vom operativen Geschäft weg und hat nur die Zahlen im Blick. Und wenn diese schlecht sind, dann werden Kostensenkungsprogramme aufgelegt.

Oft wird Innovation auch unterschätzt. Das kann jemand „nebenbei" machen. Die Folge, es kommt nicht nur keine Innovation zustande, sondern auch das Tagesgeschäft des verantwortlichen Managers leidet darunter und damit leiden die Ergebnisse. Nebenbei funktioniert heute nichts mehr, die Aufgaben sind so komplex und die Zeitpläne so straff, dass die gesamte Aufmerksamkeit des Managers gefordert ist. Und dieser benötigt den entsprechenden Freiraum.

Dabei vergisst das Management häufig mindestens eine der drei notwendigen Voraussetzungen:

- Rolle, Aufgabe und Kompetenz des verantwortlichen Managers sind festzulegen. Doch oft wird hier ein Korsett geschnürt, das den Freiraum einschränkt und damit alles erstickt, sodass sich das Vorhaben nicht entfalten kann. Am Ende muss das Top Management die Notbremse ziehen, weil die Kosten aus dem Ruder gelaufen sind.
- Budget ist bereitzustellen. Bei der Wahl des verantwortlichen Managers ist daher auch darauf zu achten, dass dieser entsprechende Budgeterfahrung besitzt, um unkontrolliertes Wachstum zu vermeiden.
- Das Thema muss einem Manager vollverantwortlich und hauptamtlich übertragen werden (siehe auch Abschn. 2.2).

Beim Aufbau von neuen Geschäftsbereichen schaut das Top Management in der Regel ein halbes Jahr lang bei den Kosten galant weg. Man will ja der Innovation nicht im Wege stehen oder „der Innovation die Chance geben, sich zu entfalten". Wird jedoch das gesteckte Ziel nicht erreicht, dann platzt die Blase und darunter hat dann nicht nur der besagte Geschäftsbereich zu leiden, sondern meist das gesamte Unternehmen: Einstellungsstopp, Personalabbau, Umbesetzungen, zunehmende Kontrolle.

Physisch oder Virtuell?
Plant ein Unternehmen im Rahmen des *organischen* Wachstums den Aufbau eines neuen Geschäftsfeldes, neuer Teams usw. stellt sich zunächst die Frage, ob dies physisch (also z. B. durch Neueinstellungen) oder virtuell (in dem Ressourcen aus anderen Bereichen temporär genutzt werden) erfolgen sollte.

Doch zunächst gilt: Egal, ob physisch oder virtuell, was man nicht aufzeichnen (und erklären) kann, wird nicht funktionieren! Das Organigramm muss nicht nur die Struktur des neuen Bereiches abbilden, sondern auch die Einordnung in den Gesamtkontext, inklusive der Schnittstellen zu anderen Bereichen, Partnern usw.

Fällt die Entscheidung für die Investition in ein physisches Team, ist dies mit Risiken verbunden. Wie schnell muss das physische Team wachsen, um möglichst zeitnah Ergebnisse zu bringen. Hier ist feinfühliges Management mit hoher

Führungs- und Prozesskompetenz gefragt. Wird ein physisches Team zu schnell aufgebaut, können die Ressourcen bei Scheitern unter Umständen nicht umgesetzt werden.

Wer sich zunächst für den Aufbau z. B. eines virtuellen Teams entscheidet, kann folgende Vorteile nutzen:

- Dringend benötigte Lösungen lassen sich schnell aufsetzen, weil i. d. R. auf vorhandene, geschulte Ressourcen zugegriffen werden kann.
- Neue Produkte/Lösungen lassen sich testen, vor allem, wenn noch nicht ersichtlich ist, ob „die Kuh zum Fliegen kommt".
- Wenn nur eine temporäre Lösung benötigt wird.
- Richtig aufgesetzt, ist das virtuelle Team eine kostenschonende Lösung.
- Zeichnen sich die erwarteten Ergebnisse ab, können die benötigten Ressourcen aufgebaut werden.

Allerdings hat das Virtuelle auch Nachteile. Hier kommt das Thema „Rolle, Aufgabe, Kompetenz" ins Spiel (siehe Abschn. 2.2). Es müssen bereichsübergreifende Prozesse implementiert werden, womit ein erhöhter Management- und Kommunikationsaufwand verbunden ist. In der Regel muss ein Kostenverrechnungsmodell aufgesetzt werden.

Nicht zuletzt werden für ein solches Vorhaben ein geschultes Management, ein transparentes Vorgehensmodell, Überzeugungsarbeit, bereichsübergreifende Kommunikationsfähigkeiten und Akzeptanz benötigt.

Wachstum, aber wie?

Die andere Möglichkeit des Wachstums ist die *anorganische* Form, also mittels Mergers & Acquisitions (M&A).

Da läuft ein Kandidat über den Weg, manchmal auch ein Wettbewerber. Passt dieser zum eigenen Portfolio, wird er gekauft. Das Management erhofft sich Synergien, neue Fachkräfte, neue Kunden und damit mehr Profit. Der Wettbewerber ist scheinbar eine perfekte Ergänzung zum eigenen Portfolio.

Handelt es sich um einen Produktionsbetrieb, ist der Zukauf ein relativ einfaches Unterfangen. Soll jedoch ein Unternehmen zugekauft werden, welches auf Wissensarbeit basiert, besteht die Gefahr des Verlusts von Fachpersonal und damit des Wertes des zugekauften Unternehmens. Soll dieses dann noch in die bestehende Unternehmensinfrastruktur integriert werden, stellt sich oft heraus, dass es völlig verschiedene Prozesse hat. Die Folge: Statt ein Problem zu lösen, hat das Unternehmen plötzlich zwei Probleme.

Egal, ob einfach oder komplex, mit der falschen Strategie und Kommunikation können Manager und Fachkräfte leicht vergrault werden, obwohl genau deren Wissen für die Integration benötigt wird.

Zu einer M&A-Strategie gehört deshalb nicht nur eine Financial Due Diligence, sondern auch eine Operational Due Diligence. Doch diese wird oft „eingespart", was sich später bitter rächt. Nach wie vor ist die Quote des Scheiterns von M&A-Transaktionen hoch. Die Integration wird oberflächlich geplant und ohne dafür ein dediziertes Team von Spezialisten abzustellen. Weil M&A-Transaktionen risikobehaftet sind, werden sie oft outgesourct. Gehen sie dann schief, kann das Management wieder die Schuld von sich weisen.

Egal, ob organisch oder anorganisch: Wenn ein Unternehmen ab einer bestimmten Größe mehr als 15 % Zuwachs an Mitarbeitern pro Jahr hat, braucht es mehr als nur einen Integrationsmanager. Es müssen Strukturen und Prozesse „nachgezogen" werden. Die Integration wird zur größten Herausforderung. Hier sind Management, Fachabteilung und Personalabteilung gleichermaßen gefordert.

Wir folgen dem Markt
Auf den ersten Blick scheint dieser Ausspruch als Unternehmensstrategie eher einfältig. Schließlich gebietet das System des Wirtschaftens, Profit zu erzielen, um das Überleben zu sichern.

Wer deshalb nur dem Markt *folgt,* wird keine eigenen Innovationen auf den Weg bringen, denn Innovationen sind riskant und verursachen zunächst Kosten. Ein solches Unternehmen wird in seiner Sparte auch niemals Marktführer werden – geringe Margen, enge Zeitfenster, um den Marktführern hinterherzulaufen und überhaupt noch Geld zu verdienen. Der Fokus liegt also wieder auf den Kosten.

Kann man einer solchen Strategie überhaupt etwas Positives abgewinnen? Die Antwort lautet: Ja. Clever ist die Strategie z. B. für Zulieferer oder Wiederverkäufer. Veredeln diese die Produkte der Hersteller mit eigenen Ideen, lässt sich auch auf diese Weise Geld verdienen. Das geringe Investitionsrisiko lässt zumindest die Controller jubeln.

Sowohl Innovation als auch Veredelung kann also eine sinnvolle Strategie sein. Dennoch, nur wer einen echten „Intellectual Property", also eine eigene Innovation vorweisen kann, wird hohe Gewinne erzielen und damit den Unternehmenswert nachhaltig steigern können.

Wir werden agil!
Eine andere Form, sich auf Wachstum einzustellen, ist der Umbau eines Unternehmens zu einer agilen Organisation (Buchholz und Knorre 2017). Dabei ist die *agile Organisation* mittlerweile zum Modewort geworden. Alle wollen agil

werden, die wenigsten schaffen es wirklich. Die Aussicht auf Synergien, bessere Auslastung der Mitarbeiter usw. und damit mehr Umsatz (nicht zwangsläufig Marge!) ist eine starke Triebfeder.

Die neue Unternehmensstruktur wird vom Top Management oder externen Beratern auf Papier gezeichnet und dem Mittelmanagement zur Umsetzung übergeben. Diese bilden in einer schönen PowerPoint-Präsentation die neuen Teams ab. Dabei wird jedoch die Transition von A nach B häufig vergessen, also der Weg von der alten Organisation zur neuen Organisation. Die Folge: Manager und Mitarbeiter suchen ihren Platz in der neuen Organisation, Unsicherheit macht sich breit, die Organisation beschäftigt sich meist ein halbes Jahr oder länger mit sich selbst, der Kunde tritt in den Hintergrund, das Geschäft leidet, anstatt zu wachsen.

Agilität macht sich nicht an Strukturen fest, sondern an den Ergebnissen. Und diese sollten die Arbeitsergebnisse der „alten" Organisation deutlich übersteigen! Die Umstellung der Organisation auf eine agile Organisation ist keine Anweisung eines neuen Organigramms oder die simple Zuordnung von Mitarbeitern zu agilen Teams, sondern ein Großprojekt im Sinne der Projektdefinition. Das ist Schwerstarbeit für die Führungskräfte und das Management. Kommunikation und Überzeugungsarbeit sind hier die wichtigsten Erfolgsfaktoren. Werden die Mitarbeiter, die an den Prozessen am dichtesten dran sind, nicht in die Planung für die Umgestaltung einbezogen, dann stehen diese nicht dahinter. Themen werden halbherzig umgesetzt, Termine werden nicht eingehalten.

Wer sein Heil in der Agilität sucht, ohne sich mit den *Rahmenbedingungen* zu beschäftigen, wird genauso scheitern, wie diejenigen, die heute rufen: „Wir gehen in die Cloud!" Hier sei an Frederic Vester (2002) erinnert, der in einer Analogie darauf hingewiesen hat, dass die Natur bewusst auf Internet-ähnliche Strukturen verzichtet hat! Wären Lebewesen neuronal vernetzt, würde ein einziger Virus die gesamte Sippe ausrotten. Wer Agilität falsch anpackt, wird ebenfalls jämmerlich scheitern.

Aktion oder Aktionismus

Wenn es schlecht läuft, wird das Management zurecht unruhig. Schließlich geht es auch um den eigenen Kopf. Als erstes wird das Reporting auf Vordermann gebracht, damit der defizitäre Bereich „enger geführt" werden kann. Doch anstatt eine Entscheidung über den Fortbestand des defizitären Bereiches zu treffen, wird mit verschiedensten Maßnahmen versucht, den Bereich zu retten und in die Profitzone zurückzuholen.

Es wird natürlich an der Kostenschraube gedreht, schließlich haben die Manager BWL studiert. Unter der Überschrift: „Underperformer aggressiv auf Kurs

bringen" (Mehringer und Noé 2017) werden zuerst die Kosten betrachtet und –
erst danach, wenn übehaupt – die Innovationsmöglichkeiten.

Das artet häufig in Aktionismus aus, in überhastete und nicht zu Ende gedachte
Maßnahmen. Da wird z. B. der Vertrieb angekurbelt, es werden Jahresendaktionen,
Rabattschlachten usw. gestartet. Den Vertriebsmitarbeitern werden zusätz-
liche Incentives in Aussicht gestellt. Das Ergebnis solcher Maßnahmen: sie ver-
schlimmern das Übel nur, bringen aber nicht den notwendigen Erfolg.

Die Alternative: die profitablen Bereiche stärken. Den Management-Fokus
auf die innovativen und damit profitablen Bereiche legen. Den Lebenszyklus der
Produkte/Dienstleistungen optimal „ausbeuten" und wieder investieren in die
Weiter- oder Neuentwicklung von Produkten und Dienstleistungen. Getreu der
Regel: „Stärke Deine Stärken und arbeite nicht an den Schwächen."

2.2 Führen und Entscheiden

Im Mittelpunkt des Managements steht der Mensch. Die Aufgabe des Managements
besteht darin, Menschen in die Lage zu versetzen, gemeinsam Leistungen zu
erbringen… Unser Lebensunterhalt hängt von der Qualität der Unternehmens-
führung ab (Peter F. Drucker).

Führen und Entscheiden ist das „Daily Business" der Führungskräfte. Stehen in
einer komplexen Situation mehrere Optionen zur Auswahl, muss eine Entscheidung
getroffen werden. Solch kontingente Situationen erfordern Führung (Backhausen
2009). Dabei kann die Führungskraft niemals alle verfügbaren Informationen
prüfen. Ein Dilemma, weshalb hier weitere Gefahren des Scheiterns lauern.

Wenn der „Hutmann" fehlt
Das Management will immer die berühmte „eierlegende Wollmilchsau", die
perfekte Führungskraft, die durch möglichst wenig Veränderung das Unternehmen um Lichtjahre voranbringt. Das Management weiß, Veränderung ist
gefährlich und könnte schließlich auch das Management betreffen. Vor allem
könnte ein Scheitern am eigenen Stuhl rütteln.

In Abschn. 2.1 haben wir an einigen Beispielen gesehen, was beim Aufbau
neuer Geschäftsfelder schief laufen kann. Rolle und Aufgabe sind oft hinreichend
geklärt, die Kompetenz jedoch nicht. Oder die Kompetenz passt nicht zur
anspruchsvollen Aufgabe, womit ein Scheitern ebenfalls vorprogrammiert ist.

Das Thema dahinter: der *Hutmann* fehlt. Im günstigsten Falle passiert
nichts. Keiner merkt es. Doch komischerweise funktioniert die Kommunikation

immer genau dann, wenn etwas schiefläuft. Es kommt heraus, dass Teams nicht zusammen, sondern aneinander vorbei arbeiten. Dann wird eskaliert. Dabei geht es nur zweitrangig um die Sache. Es geht schließlich um „Ruhm" und „Macht". Da wird der Kuchen auch schon mal verteilt, bevor dieser überhaupt gebacken ist. Dabei meint es jeder gut, will das Unternehmen voranbringen.

Manager sind gegenüber ihren Vorgesetzten in einem ständigen *Rechtfertigungsmodus,* weil ein anderer Manager etwas „eskaliert" hat. Getreu dem Motto „wer zuerst kommt…" hat Recht, befinden sich alle anderen im Rechtfertigungsmodus. Das zieht viel Energie, die besser in Innovationen geflossen wäre. Doch so verschleißen sich Manager in Meetings und verbrennen wertvolle Zeit.

Es kommt noch schlimmer, wenn das Management nicht in der Lage oder nicht gewillt ist, zu intervenieren, dann werden auch mal interne Verrechnungsmodelle kreiert, die alle zufrieden stellen sollen, in der Praxis jedoch häufig nicht funktionieren oder von den Betroffenen nicht angenommen und daher elegant umgangen werden (kreativer Betrug). Von den hohen Transaktionskosten abgesehen (siehe auch Abschn. 2.4).

Wenn sich Manager vor der *Rollenklärung* zwischen Führungskräften drücken, insbesondere in größeren Strukturen oder bei bereichsübergreifenden Aufgaben, weil sie Angst davor haben, einem Mitarbeiter zu viel Kompetenz zu geben, dann sind Frust und Scheitern vorprogrammiert.

Management „zwischen Tür und Angel"

Das ist zweifellos eine der größten Entartungen des Managements. Weil viel zu viele Termine anstehen, werden wichtige Themen förmlich zwischen Tür und Angel besprochen, auf dem Gang oder ganz hip, als „Telco" aus dem Auto heraus – natürlich ohne Notizen bzw. Nachweis.

Solche Manager kommen sich toll vor, lassen dabei aber außer Acht, wie ein solches Verhalten auf den Gegenüber wirkt. Die wenigsten Mitarbeiter versinken heute noch in Ehrfurcht vor solchen „Superhirnen", die sich nichts notieren, dafür glauben, alles zu wissen, doch vom operativen Geschäft viel zu weit weg sind, weil bei ihnen längst die Politik alles dominiert.

Sie haben auch gar keine Zeit, etwas zeitnah nachzuarbeiten, weil ihre Terminkalender prall gefüllt sind. Erst am späten Abend senden sie „eindrucksvolle" Emails ohne die nötigen Fakten an Management-Kollegen, die nur verständnislos den Kopf schütteln. Und Zeit zur Selbstreflexion – Fehlanzeige.

Da werden z. B. strukturelle Veränderungen beschlossen, ohne sich das entsprechende Fachwissen einzuholen. Strukturen werden doppelt aufgebaut, anstatt Synergien zu nutzen, doch die Bereichsinteressen lassen das nicht zu. Prozesse werden nicht zu Ende gedacht und das Geschäft angekurbelt, ohne dass diese

Prozesse im ERP-System sinnvoll abgebildet werden können, was wiederum hohe Transaktionskosten verursacht. Oder es wird ein Produkt auf den Markt geworfen, ohne dass der Service geschult ist. Schuld ist natürlich immer das Mittelmanagement, welches die Entscheidungen des Top Managements nicht umgesetzt hat.

Tür-und-Angel-Management schafft eine tiefe Kluft im Management selbst, zerstört Vertrauen, demotiviert die Mitarbeiter und hat das Potenzial, das ganze Unternehmen zu lähmen.

Einen Präsenztermin bekommt man bei solchen Managern nur selten, weshalb sich viele Mittelmanager auch gar nicht mehr „proaktiv" an ihre Vorgesetzten wenden. Eher noch einen „Zeitslot", eben zwischen Tür und Angel, oder wenn überhaupt, bei einem lockeren Gespräch in der Kantine des Unternehmens. Findet doch ein Präsenzmeeting statt, dann ist dieses eher mit Reporting und Kontrolle gefüllt, anstatt sich über operative Prozesse und Probleme auszutauschen bzw. sich mit Ideen zu beschäftigen. Das erklärt unter anderem, weshalb „schwierige" Entscheidungen oftmals auf die lange Bank geschoben werden.

Entscheidungen, die an der Umsetzung scheitern
Das Top Management trifft oft Entscheidungen, ohne die operative Umsetzung im Blick zu haben. Welcher Vorstand beschäftigt sich schon gern mit Details. Das muss das operative Management leisten. Und dieses stößt an Grenzen der Umsetzung, weil z. B. bereichsübergreifende Aktionen notwendig sind, jedoch die Stakeholder nicht „eingefangen" wurden.

So werden unhaltbare Termine gesetzt, ohne die erforderlichen Maßnahmen für die Umsetzung zu planen. Wenn sich dann noch ein Manager darüber profilieren will, führt das zu Frust bei den Mitarbeitern und zu Fehlern, die in Aktionismus ausarten können. Die Krönung: Auf dem Papier wird Vollzug gemeldet, aber in der Realität herrscht Ratlosigkeit bei Management und Mitarbeitern. Alle hoffen, dass z. B. bloß kein Kunde anruft und das neue Produkt kaufen will.

Doch auch das Mittelmanagement ist – je größer ein Unternehmen – zu weit vom operativen Geschäft entfernt. Das trifft immer dann zu, wenn Bereiche so groß sind, dass sie mehrere Produktionsbereiche oder Linien mit unterschiedlichem Gegenstand umfassen. In Hierarchien gehen wichtige Botschaften auf dem Weg von unten nach oben oft verloren. Der Mittelmanager hat oft Angst, dass sein Management denken könnte, er habe seinen Bereich nicht „im Griff". Manager sind dann oft nicht in der Lage, Entscheidungen zu treffen, so entstehen lange Entscheidungsbänke und vergebene Chancen, denn jede Chance hat nur ein enges Zeitfenster.

Angestellte oder Mit-arbeiter?

„Vorschläge? Unerwünscht!" titelte der Spiegel (Amann 2017) im Rahmen des Wahlkampfes 2017 und beschrieb damit die Haltung der Kanzlerin in Fragen des Wahlprogramms. Die Basis dagegen hatte eine andere Erwartungshaltung. Noch viel ausgeprägter ist diese Haltung in Unternehmen.

Der Erfolg einer Organisation oder eines Unternehmens macht sich unter anderem auch daran fest, welche Rolle dem mittleren Management und den Mitarbeitern zugedacht wird. Wenn im Anstellungsvertrag vom *Angestellten* die Rede ist, muss das noch lange nicht bedeuten, dass dessen Mitarbeit gewünscht ist. Mitarbeit bedeutet heute längst nicht mehr, nur Anweisungen auszuführen, sondern die Tätigkeit mitzudenken. Holt sich das Top Management keinen Rat bei Managern und Mitarbeitern, werden wertvolle Ressourcen verschwendet, die zu deutlich besseren Ergebnissen führen könnten. Von der Motivation im Sinne der bereits erwähnten Gallup-Studie ganz abgesehen.

Natürlich sind Angestellte pflegeleichter als „Mit-arbeiter". Doch Führung heißt heute, nicht mehr nur zu managen, sondern auch zu führen. Leider sind die meisten Maßnahmen Kostensparprogramme. Logisch, dass das Management da die Mitarbeiter außen vor lässt.

Schließlich gibt es auch genügend Manager, die sich keinen Rat holen, weil das als Eingeständnis von Schwäche gedeutet werden könnte. Es ist jedoch keine Schwäche, sondern beweist eher Stärke, sich die Hilfe von der Basis zu holen. Auch wenn es das Management oft nicht wahrhaben will: Die Basis kann vieles mitdenken und dadurch die Strategie mittragen. Zu guter Letzt fördert ein solches Herangehen auch die Innovationsbereitschaft der Mitarbeiter.

Doppelt hält besser?

Bewusst oder unbewusst, es kommt immer wieder vor, dass vom Management Aufträge an das Mittelmanagement doppelt vergeben werden. Weil es keine klare Strategie oder keine transparenten Strukturen gibt oder kein Vertrauen da ist oder die Aufgabe nicht klar definiert ist, werden verschiedene Personen oder Teams mit der gleichen Aufgabe betraut – einer wird es schon so machen, wie es dem Management am besten passt. Im „Idealfall" wird hier das Kompetenzgerangel zwischen Abteilungen oder Niederlassungen im Kampf um die Wahrnehmung bzw. um Einfluss im Rahmen des Konzerns ausgenutzt.

Oder es werden gar parallele Strukturen aufgebaut, weil das der Weg des geringsten Widerstandes ist. Eine gewachsene Organisation „aufzubrechen" fordert natürlich viel mehr von einer Führungskraft, als parallel etwas Neues „hochzuziehen". Das Top Management von einem solchen Herangehen zu überzeugen, kann nur deshalb gelingen, weil dieses zu weit von den operativen Themen weg ist, sodass es nicht auffällt.

Die Folge: Verschenkte Ressourcen, hohe Kosten, Kompetenzgerangel im Management und Verwirrung unter den Mitarbeitern.

Hier wäre zu prüfen, ob das neue Geschäftsfeld zunächst am Markt getestet werden soll und sich daher eine virtuelle Lösung anbietet oder eine klare Strategie mit *einem* „Hutmann" verfolgt wird.

Wenn die eigene Position wichtiger als der Kunde ist

Je größer eine Organisation bzw. ein Unternehmen, desto länger die „Entscheidungsbänke". Das Gleiche trifft zu, wenn Strukturveränderungen oder der Aufbau neuer Abteilungen geplant sind. Dann sind viele „Köche" am Werk, keiner traut sich, eine Entscheidung zu treffen, weil die Kompetenzen nicht klar geregelt sind. Jede falsche Entscheidung kann den eigenen Stuhl kosten. Demzufolge regiert die Selbstvorsorge und Entscheidungen werden nach oben delegiert. Alles andere, auch der Kunde, rückt in den Hintergrund. Das muss nicht verwundern, denn nicht selten ist dieses Vorgehen so vom Top Management gewünscht, d. h. jede Entscheidung soll ganz oben getroffen werden.

Hier dominiert die Beziehungsebene die Sachebene auf besonders markante Weise. So hat das Watzlawick seinerzeit nicht gemeint. Kein Wunder, dass das Top Management vor lauter operativen Entscheidungen (die es eigentlich aufgrund der fehlenden Nähe gar nicht treffen kann) keine Zeit für Strategie und Geschäftsentwicklung hat und dafür externe Berater einkaufen muss.

Wären Rolle, Aufgabe, Kompetenz hinreichend geklärt, würde das Unternehmen wie ein Schweizer Uhrwerk funktionieren.

Hidden Agenda – Die Zweite

Ein beliebter Schritt auf der Karriereleiter ist der Weg über das Ausland. Wer schlägt schon gern das Angebot aus, sich an einem Tochterunternehmen im Ausland zu beweisen und damit für eine höhere Führungsposition zu empfehlen. Meistert der Kandidat die Aufgabe, steht ihm in der Regel eine Karriere in der Zentrale bevor. Schafft er es nicht, dann…

Aus dieser Konstellation hat sich ein Szenario entwickelt, welches durchaus benutzt wird, um unliebsame Kandidaten kaltzustellen. Was dem Kandidaten als eine Chance erscheint, ist politisches Kalkül des Managements. Die Chance zu scheitern, ist hier um ein Vielfaches größer, als der Erfolg. Der Kandidat unterschätzt neben der fachlichen Eignung oftmals die nötige interkulturelle Kompetenz und die regionalen Besonderheiten. Zur Entscheidungsfindung ist hier im Vorfeld Reflexivität dringend angeraten. Auch die Befragung der Lobby (der Kandidat hat hoffentlich eine) empfiehlt sich.

Umso schlimmer für das Management (und den Kandidaten), wenn das politische Kalkül nicht aufgeht und der Kandidat erfolgreich zurückkehrt…

Selbstwahrnehmung versus Fremdwahrnehmung
Das Management lebt oft im Widerspruch zwischen Selbstwahrnehmung und Fremdwahrnehmung. In der Selbstwahrnehmung arbeitet der Manager 60 h pro Woche, nimmt jeden Tag viele Termine wahr, ist ständig unterwegs usw. Die Fremdwahrnehmung ist eine ganz andere: „Der trifft keine Entscheidungen, nimmt sich keine Zeit, den Mitarbeitern zuzuhören und einen Termin gibt es nur mit langen Vorlaufzeiten".

Selbstwahrnehmung erfordert Reflexivität, sich regelmäßig auf einen Hochstand (Metaebene) zu begeben und z. B. zu prüfen, welche Wirkung das eigene Handeln auslöst oder ob überhaupt am wirksamsten Punkt gearbeitet wird.

Manager, die sich dafür keine Zeit nehmen, gehen über kurz oder lang im Tagesgeschäft unter und haben keine Zeit für Strategie und Innovation.

Manchmal kommt hinzu, dass das Management keine Vorbildfunktion lebt. Beispielsweise werden exorbitante Reisekosten erzeugt (siehe auch Abschn. 2.4), die Mitarbeiter jedoch kurz gehalten: Die Mannschaft schläft im Containerdorf, die Befehlshaber im Hotel (Schmalz und Kopietz 2017). Mitarbeiternähe ist ein Fremdwort, das Management sitzt im berühmten Elfenbeinturm.

Größenwahn, Egoismus und Narzissmus (Itten 2016) setzen dem Ganzen schließlich noch die Krone auf.

Für Größenwahn gibt es nicht nur historische Beispiele, sondern auch aktuelle, z. B. wenn jemand behauptet, er habe den größten Atomknopf (aar/AFP 2018).

Um den eigenen Jahresbonus zu sichern, wird das Unternehmen oder der Geschäftszweig egoistisch schön gerechnet.

Autoritäre Führung wird hoffentlich seltener, doch schlimm genug, dass es sie überhaupt im zivilen Leben gibt. Über kurz oder lang führt solches Verhalten zu vermeidbaren Fehlern.

Besetzung von Positionen

Gute Führungskräfte sind rar und wachsen auch nicht von allein nach. Die interne Besetzung wird (arbeitsrechtlich untermauert) der externen Besetzung vorgezogen. Demzufolge kommt es nicht selten vor, dass Mitarbeiter in Positionen „gehoben" werden. Die Begründung lautet dann meist: „Herr X ist schon 10 Jahre im Unternehmen und kennt das Unternehmen in- und auswendig…Wir danken Herrn X für seine Bereitschaft und bitten Sie alle, ihn bei seiner Aufgabe zu unterstützen." Das sagt längst nichts über die Führungsqualitäten der Person aus, doch es sagt etwas über das Personalmanagement aus.

Während sich die Führungstheoretiker heute einig sind, dass Führungskraft und Manager nicht mehr zu trennen sind, haben „pfiffige" Unternehmen genau diese Trennung für sich als Vorteil erkannt. Manager werden auf Führungspositionen gesetzt, ohne die *fachlichen* Anforderungen zu erfüllen. „Der muss doch nur managen." – lautet die Begründung. Führung wird schließlich von „ganz oben" erwartet. Immerhin schlummert in dieser Aussage die Erkenntnis, dass Fachlichkeit und Führung zwei verschiedene Seiten sind, die zu einer Medaille gehören.

Und wer will heute noch führen? Diejenigen, die Führung „durchschauen" wollen oftmals nicht. Jedoch gibt es immer wieder Karrieristen, die in Selbstüberschätzung einen Job annehmen und dann einen schlechten Manager abgeben. So passiert oft folgendes: Das Unternehmen verliert beispielsweise einen guten Vertriebskollegen und „gewinnt" einen schlechten Chef.

Können in dieser Situation Assessment Center helfen? Immerhin kann das Management mittels Assessment Center das Risiko einer Fehlbesetzung von sich weg delegieren. Wenn dann noch Standardprogramme von externen Beratern zum Einsatz kommen, kann es passieren, dass Nachwuchsführungskräfte, die bereits „unter dem Radar" ausgezeichnet ein Team geführt haben, durch das Assessment fallen. Auf der anderen Seite bestehen Mitarbeiter das Assessment, die als Führungskraft später „blass" bleiben, sich lieber führen lassen, als selbst zu führen. Sie geben die Anweisungen des Managements einfach an die Mitarbeiter weiter.

Besonders peinlich wird es, wenn sich das Management im Rahmen des Assessment Centers unter dem Vorwand des Blickes von außen, kostenlos Konzepte oder gar Strategien erarbeiten lässt.

Kein Tadel ist Lob genug

Nur wenige Manager arbeiten mit Lob, was verwundert, steht doch heute Sparen im Vordergrund. Lob ist viel billiger (und dabei motivierender) als eine Gehaltserhöhung, die erfahrungsgemäß nur eine zeitlich begrenzte Wirkung hat.

Beim Management bleiben immer die Eskalationen hängen, nicht die Erfolge, nicht mal ein Lob vom Kunden, z. B. für einen tollen Service.

Vertriebsleiter verbrennen mit immer neuen (und transaktionskostenintensiveren) Incentivierungsmodellen Geld, anstatt mit Lob und Wertschätzung zu arbeiten. Vertriebsmitarbeiter sind in ihren Augen nur monetär zu ködern.

Lob und Tadel gehören zur Reflexion der Tätigkeit, sowohl der eigenen als auch der Mitarbeiter. Doch dazu müsste es auch eine *Fehlerkultur* im Unternehmen geben. Lob und Tadel sind Wertschätzung und zeigen Wahrnehmung sowie Nähe zum Mitarbeiter. Sowohl Lob als auch Tadel – richtig angewendet – haben eine sinnstiftende und damit motivierende sowie nachhaltige Wirkung.

Es muss auch nicht immer eine Gehaltserhöhung sein. Eine Weiterbildung oder Training in schöner Umgebung oder im Ausland wirken viel leistungsfördernder, weil sie nicht nur einen materiellen Wert darstellen, sondern den Mitarbeiter in seiner Bildung voranbringen.

2.3 Kommunikation und Reflexivität

Es ist ein gutes strukturelles Prinzip, die Zahl der Entscheidungsebenen auf ein Mindestmaß zu verringern und eine möglichst flache Organisation zu schaffen – und sei es nur, weil „jeder Knoten das Rauschen verdoppelt und die Botschaft zerteilt", wie wir aus der Informationstheorie wissen (Peter F. Drucker).

Warum schon wieder Kommunikation herausheben? Watzlawick hat bereits in den 50er Jahren des letzten Jahrhunderts die Bedeutung von Kommunikation beschrieben. Seine Gedanken wurden von weiteren Wissenschaftlern aufgegriffen und eine ganze Trainingslandschaft hat sich um dieses Thema entwickelt.

Genutzt hat es offenbar wenig. Selbst heute noch wird auf höchster Ebene ungenügend oder gar nicht kommuniziert. Wenn zwei Bundesministerien das gleiche Thema bearbeiten, ohne miteinander zu kommunizieren, und dabei noch die gleiche Studie in Auftrag geben (Elger et al. 2017), dann spricht das für sich.

Kommunikation ist allen Aspekten des Führungsprozesses inhärent! Weil wir heute *in* der Arbeit immer mehr *über* die Arbeit kommunizieren müssen (Okun und Hoppe 2017), kann sie – unprofessionell geführt – an allen Stellen Schaden anrichten. Reflexivität ist eine Fähigkeit, die uns hilft, das eigene Denken und Handeln zum Gegenstand des Nachdenkens zu machen. Sowohl Kommunikation als auch Reflexivität wollen gelernt sein.

Worüber reden wir?
Von Watzlawick wissen wir: „Nicht was A sagt, sondern was bei B ankommt, ist entscheidend." Insofern hat der Sender (A) eine hohe Mitverantwortung für die gelingende Kommunikation.

Kann man dem veröffentlichten Protokoll der Treffen zwischen US-Präsident Trump und seinem ehemaligen FBI-Chef Comy (max/dpa/AFP 2017) trauen, läuft dem Leser ein kalter Schauer über den Rücken. Ranghöchste Staatsmänner kommunizieren über politisch sensible Themen so, dass „B" am Ende mutmaßt, was „A" gesagt hat. Unfassbar, was eine Fehldeutung der Worte auf höchster Ebene für die Welt bedeuten kann.

Das gilt im Großen wie im Kleinen. Ein Banker verbindet den Begriff „Bank" mit etwas anderem als ein Skatspieler. Und ein Pensionär, der in einem Park Ausschau hält, hat wiederum ein anderes Bild von „Bank". Berufliches und soziales Umfeld spielen hier jeweils eine maßgebende Rolle.

Wie oft gehen wir in ein Meeting, welches von allen Seiten gut vorbereitet wurde und reden trotzdem aneinander vorbei. Das ist nur natürlich, weil die Gesprächspartner meist von einer unterschiedlichen Wissensbasis ausgehen oder aus verschiedenen Bereichen kommen. Bereits einfache Begriffe sind beim Gesprächspartner anders belegt, was zu grundlegenden Missverständnissen führt, die viel zu spät erkannt werden. Zeit und Kraft wurden investiert und erfordern nun noch mehr Zeit und Kraft, um die misslungenen Kommunikation wieder „gerade zu biegen". Diese Zeit fehlt dann an der Erarbeitung des eigentlichen Ziels des Meetings, weshalb die Resultate nicht zufriedenstellend sind oder gar ein weiteres Meeting anberaumt werden muss.

Wenn auf der Metaebene nicht klar ist, worüber kommuniziert wird, dann werden Zeit und Ressourcen verschwendet. Jeder glaubte, alles verstanden zu haben, dennoch wird eine Fehlentscheidung getroffen. Stellt sich das im Nachhinein als Missverständnis heraus, hat das auch Auswirkungen auf die Motivation, am nächsten Meeting teilzunehmen (von dem auch nicht klar ist, ob es zielführend sein wird). Meetings stellen deshalb höchste Anforderungen an den Moderator.

Interkulturelle Kompetenz

Interkulturelle Kompetenz wird oftmals mit internationaler Zusammenarbeit verbunden. Doch soweit muss man gar nicht blicken. Wie wir gesehen haben, gelingt es uns bereits in unserer Muttersprache, aneinander vorbei zu reden, d. h. die Kommunikation misslingt.

Dies im Blick geht es noch dramatischer in internationalen Unternehmen zu. Wer hier unsensibel vorgeht, wird bereits auf eine simple E-Mail keine Antwort erhalten. Auch der Tipp: „Weniger Emails, mehr miteinander reden!" ist nur bedingt hilfreich. Wozu reden, wenn das Worüber nicht hinreichend geklärt ist.

Watzlawicks dritte Regel der Kommunikation bezüglich Beziehungs- und Sachebene gewinnt hier an besonderer Bedeutung. Kommunikation findet immer (gleichzeitig) auf einer Beziehungs- und einer Sachebene statt, wobei die Beziehungsebene die Sachebene dominiert. Oftmals wird diese Regel einseitig auslegt und der Sender versucht, über Smalltalk die „Beziehungsebene" herzustellen, um dann im geeigneten Moment den Hebel zur Sachebene umzulegen. Wenn die Beziehungsebene oder der Rahmen nicht geklärt ist, bleibt die Sache außen vor bzw. kann gar nicht bis zur eigentlichen Sache vorgestoßen werden. Die Kommunikation scheitert. Bei ausländischen Gesprächspartnern sind die Deutschen wegen ihrer Sachlichkeit und Strukturiertheit nicht gerade beliebt. Kunden schätzen das schon eher, weil deutsche Produkte für hohe Qualität stehen. Ob das nach dem Dieselskandal immer noch der Fall ist, wird sich zeigen.

Dabei stellt sich nicht die Frage, ob Management-*Prinzipien* kulturabhängig sind. Diese sind gleich (Malik 2006). Werden die universell gültigen Management-Prinzipien jedoch falsch angewendet, ist auch mit den richtigen Prinzipien ein Scheitern nicht ausgeschlossen.

In der Kommunikation ist interkulturelle Kompetenz gefragt und diese erfordert Reflexivität. Das bedeutet, ständig zu prüfen, welche Wirkung durch das eigene Handeln beim Empfänger hervorgerufen wird. Dabei kann es nicht schaden, im Geiste „um den Tisch herum zu gehen" und die Position des Empfängers einzunehmen. Der Sender tut jedenfalls gut daran, regelmäßig Zwischenebenen einzuziehen und sich Feedback zu holen. Entscheidungsträger tun gut daran, Entscheidungen nicht sofort zu treffen, sondern den Mitarbeitern die Chance zu geben, zu verstehen, warum diese oder jene Entscheidung in dieser Situation so und nicht anders getroffen wird.

Anweisungen versus Überzeugungsarbeit

Angesichts der nötigen interkulturellen Kompetenz ist es wesentlich einfacher, „klare" Anweisungen zu geben. Doch was für das Management „klar" ist, muss für das Mittelmanagement und die Mitarbeiter längst nicht klar sein. Natürlich ist es viel aufwendiger, Mitarbeiter zu gewinnen, Sinn zu stiften (der dem Mittelmanagement oft selbst nicht klar ist) und dafür die notwendige Überzeugungsarbeit zu leisten.

Dabei ist der Nachteil einer Anweisung offensichtlich. Anweisungen müssen kontrolliert werden. Diese Kontrolle erfordert mindestens genau so viel Zeit, wie die Überzeugung von Mitarbeitern. Doch Anweisungen zu kontrollieren, ist einfacher als überzeugen. Um Überzeugungsarbeit zu leisten, muss der Manager selbst überzeugt sein. Wie wurde ihm denn die Entscheidung „verkauft". Wurde sie ihm nur mitgeteilt oder wurde er überzeugt?

Das Management blendet häufig aus, dass Entscheidungen üblicherweise im Rahmen eines Erkenntnisprozesses entstehen. Wenn sich das Management die Zeit für den Erkenntnisprozess genommen hat, wieso also nicht dem Mittelmanagement und den Mitarbeitern ebenso Zeit zugestehen, die Entscheidung des Top Managements nachzuvollziehen? Die Zeit dafür kann wesentlich verkürzt werden (Okun und Hoppe 2017), sie ist jedoch für eine Mannschaft, die all ihre Kräfte mobilisieren soll, unumgänglich.

Anweisungen anstelle von Überzeugungsarbeit auf der einen Seite, und fehlende Einbeziehung der Mitarbeiter in Entscheidungsprozesse auf der anderen Seite, sind der Hauptgrund dafür, dass nach der bereits erwähnten Gallup-Studie 70 % der Mitarbeiter in Unternehmen nur „Dienst nach Vorschrift" machen.

Fahrlässige Kommunikation

Führungskräfte erwarten Respekt, doch dieser will erworben sein. Sie vergessen nur allzu oft, dass auch Mitarbeiter eine Erwartungshaltung an die Führungskraft haben. Wenn die Führungskraft die Mitarbeiter nicht als Partner betrachtet, sondern sich nur per Blog, Twitter oder Videobotschaft an die Mitarbeiter wendet, anstatt miteinander zu reden, bleibt es bei der Erwartungshaltung. Viele Führungskräfte scheuen das Feedback ihrer Mitarbeiter, welches zum Glück für sie von den Personalabteilungen unbearbeitet bleibt.

Informationen zu Entscheidungen, z. B. über Veränderungen, bleiben bewusst an der Oberfläche. Es wird mit Vorliebe nur das „Big Picture" gezeichnet, aus Angst, die Mitarbeiter mit den geplanten Veränderungen zu überfordern oder gar zu verunsichern. Niemand im Management hat sich vorher mit der Frage beschäftigt, was die Information bei den Mitarbeitern auslöst. Das „Abholen" der Mitarbeiter und die dafür notwendige Überzeugungsarbeit werden bewusst ausgeblendet. Oder: Es wird nur die Hälfte kommuniziert, die andere Hälfte sollen sich die Mitarbeiter denken (weil die Mitarbeiter ja schließlich nicht dumm sind) – was in der Regel auch schiefgeht, weil das Raum für Interpretationen, die späteren Gerüchte, schafft.

Eine andere Variante: Es wird nur das kommuniziert, was die Mitarbeiter auch wissen „dürfen". Da werden Bilder von „blühenden Landschaften" gezeichnet, obwohl es dem Unternehmen schlecht geht. Oder umgedreht, die guten Ergebnisse des Unternehmens werden kleingeredet, um der unsäglichen Gehälter- und Bonusdiskussion zu entkommen und den Investoren ein kostenoptimiertes Unternehmen präsentieren zu können.

Schade, dass solche Kommunikation nicht direkt bestraft wird. Das Ergebnis ist oftmals nicht sofort sichtbar, sondern erst später. So oder so, die Qualität der Kommunikation wirkt sich auf die Motivation der Mitarbeiter aus und diese wiederum wird sich früher oder später im Unternehmensergebnis widerspiegeln. Wenn Management so agiert, dann werden Aufforderungen, wie zum Beispiel einen „Briefkasten" für Ideen, Vorschläge oder Kritik zu nutzen, einfach verpuffen.

Hidden Agenda – Die Dritte

Was kommuniziert wird, muss noch lange nicht eintreten. Markantestes Beispiel der jüngsten Vergangenheit ist der Wahlsieg von Donald Trump. Keiner hat diesen vorausgesehen, im Gegenteil, kurz vor Ende des Wahlkampfes waren sich alle Meinungsforschungsinstitute und Medien einig, dass er nicht als Sieger hervorgehen wird. Im Internet-Echtzeitalter ist so etwas nicht möglich, sollte man meinen. Wurden hier die falschen Leute befragt? Oder wurde hier bewusst Meinungsmache betrieben? Lag es am komplizierten Wahlsystem der USA oder war vielleicht doch systemische Blindheit im Spiel (Rapp 2016)?

Wenn Lüge ins Spiel kommt

Es wurde schon immer und überall gelogen. Im Großen wie im Kleinen. Zum Glück wurde die Lüge früher oder später abgestraft.

Unter Präsident Trump ist die Lüge regelrecht „gesellschaftsfähig" geworden (Leonhardt und Thompson 2017). Nicht ohne Grund betitelte die Bürgermeisterin von Puerto Ricos Hauptstadt Trump nach dessen Besuch als „miscommunicator-in-chief" (Deuermeier 2017). Und es steht zu befürchten, dass die Lügen zumindest während seiner Amtszeit nicht abgestraft werden. Eine lange Zeit, wenn man bedenkt, welcher Schaden schon mit einer Lüge in einer solchen Position angerichtet werden kann.

Doch es lohnt nicht, mit dem Finger auf andere zu zeigen. Deutsche Autobauer haben die Abgaswerte ihrer Fahrzeuge manipuliert (Dohmen und Hawranek 2017). Hier fehlte die Idee, die Innovation, und deshalb wurde „kreativ" betrogen. Letztlich kann die Physik nicht ausgetrickst werden. Es hätte schon viel eher in Alternativen investiert werden müssen. Das ist nicht erst seit dem Abgasskandal bekannt. Die Autoindustrie hat eben nicht nur die Aufgabe, über die Weiterentwicklung des *Autos* nachzudenken, sondern über den *Verkehr* der Zukunft.

Hängt es nur von der Position ab, aus der gelogen wird? Es scheint fast so. Denn im Management geht es oft nicht anders zu. Wenn das Management den Mitarbeitern oder Kunden nicht die Wahrheit sagt, ist das aus der Position des Mitarbeiters und des Kunden nicht so leicht zu durchschauen. In der Regel wird (blind) vertraut. Und wenn sich dann noch das Management untereinander belügt, ist das nicht nur die Steigerung von bewusst falscher Kommunikation, sondern existenzgefährdend für das gesamte Unternehmen. Da werden falsche Tatsachen vorgetäuscht oder gern mal „Äpfel mit Birnen" verglichen, um einen unliebsamen Konkurrenten aus dem Weg zu räumen, sich Vorteile zu verschaffen oder aber Schuld von sich zu weisen. Dem letztlichen Entscheider fehlt in einer solchen Situation oft das Sachwissen, weil dieser vom operativen Geschäft zu weit weg ist. Für eine Überprüfung der Aussagen bleibt zudem keine Zeit, sodass er dem Lügner „auf den Leim geht".

Lügen haben nicht immer „kurze Beine", dafür aber fatale Folgen. Diese werden oft erst viel später sichtbar, wenn die Ursache nicht mehr erkennbar oder der Verursacher nicht mehr im Unternehmen ist.

Und die Betroffenen? Die Anrufung des Betriebsrates, Ombudsmannes oder ähnliches bringt in der Regel nichts. Das Management steht wie eine Wand. Dem Betroffenen bleibt nur, in Deckung zu gehen, um nicht Opfer politischer Ambitionen zu werden. Um vorschnelle Entscheidungen zu vermeiden, bietet sich Hilfe in Form einer Supervision an. Wenn es dann immer noch keine Chance der Intervention gibt und der Betroffene mit der Situation nicht ohne Schaden zu nehmen leben kann, bleibt nur, das Unternehmen zu verlassen. Lügen haben leider manchmal auch „lange Beine".

Management und Schattenkabinett

Von den einen geliebt, von den anderen gehasst – die graue Organisation. Sie wird sich nie vermeiden lassen, denn sie ist nützlich. Sie ersetzt oft die „Missing Links" in der Kommunikation des Managements und stellt die Vernetzung über Bereichsgrenzen sicher. Das Management sollte der grauen Organisation aber nur so viel „Futter" geben, wie es dem Unternehmen nützt. Gewinnt die graue Organisation durch fehlende Kommunikation des Managements die Oberhand, wirkt sich das fatal auf die Motivation der Mitarbeiter aus.

Durch eine *offene* Kommunikation des Managements gegenüber den Mitarbeitern lassen sich eventuelle negative Einflüsse der grauen Organisation stark eindämmen. Gerade in Veränderungssituationen hilft die offene Kommunikation, Widerstände schnell aufzulösen und die Mitarbeiter für die Veränderung zu gewinnen.

2.4 Controlling und Kontrolle

> Die einzige Funktion von Berichten und Verfahren sollte darin bestehen, die Leistungen zu regeln, die erforderlich sind, um in den Schlüsselbereichen Ergebnisse zu erzielen. Wer alles zu kontrollieren versucht, wird am Ende jegliche Kontrolle verlieren (Peter F. Drucker).

Unternehmen brauchen eine tragfähige Vision, weil nur die Vision den Raum für Innovation schafft. Wird ein Controller zum Unternehmenslenker oder Bereichsleiter berufen, wird jede Innovation getötet. Als ausgebildete Betriebswirtschaftler vertrauen sie der Optimierung – und das in jeder Hinsicht: Kosten, Prozesse, Reporting. Dem Zitat von Peter F. Drucker ist daher nichts hinzuzufügen.

Vertrauen ist gut, Kontrolle besser?

Es gibt kaum ein besseres Beispiel, bei dem sich der Hintergrund eines geflügelten Wortes in das Gegenteil verkehrt hat. Wieso denken Manager eigentlich, dass ein Unternehmen durch Kostensenkungsmaßnahmen vor dem Untergang bewahrt werden kann? Ein simples Gegenbeispiel: Madonna konnte als Künstlerin nur deshalb über Jahrzehnte im Showgeschäft bestehen, weil sie sich immer wieder neu erfunden hat. Was sollte ein Künstler auch durch Kostensenkung erreichen?!

Je kontrollsüchtiger ein Manager ist, desto mehr geht er ins Mikromanagement. Überall hineinreden, Besserwisserei, jegliches Mitdenken und jegliche Kompetenz absprechen, begleitet von Berichtswahn, Wochenberichten usw. – besser kann man Mitarbeiter nicht vergraulen.

Doch auch den Mittelmanagern kommen Zweifel: Immer neue Controlling-Modelle, die keiner mehr durchschaut, geschweige denn, den Sinn dahinter versteht. Vor allem aber fragen sie sich, was mit den bereitgestellten Daten passiert. Diese dienen oft nur der Daseinsberechtigung der Manager. Nebenwirkung eines solchen Managements sind vor allem hohe Transaktionskosten. Und anstatt sich auf die profitablen Sparten zu konzentrieren, liegt der Fokus auf den „Planschuldnern".

Natürlich muss Kontrolle sein. Doch Controlling basiert auf Vertrauen gegenüber den Mitarbeitern, um nicht die Ziele aus den Augen zu verlieren und fokussiert sich dabei auf Kennziffern, die das Geschäft stärken.

Controller und/oder Führungskraft
Nicht selten werden Unternehmen von Controllern geführt. Insbesondere dann, wenn das Unternehmen oder ein Bereich in Schieflage geraten ist. Bereits in den vorangegangenen Kapiteln ist angeklungen, dass Controller den Fokus auf Kosten, statt auf Innovation legen.

Was uns zu einem ganz heißen Thema führt: Kann ein Controller überhaupt Führungskraft sein? Oder anders gefragt: Wie muss die Führungskraft „beschaffen sein", die ein Unternehmen führt?

Will ein Unternehmen nachhaltig sein, muss es sich immer wieder neu erfinden. Das heißt, sich ständig auf den Prüfstand zu stellen. Nicht nur kostenseitig, sondern auch bezüglich seiner Innovationsfähigkeit. Dazu braucht es in allererster Linie einen Visionär. Der Controller ist in der Regel ein Meister der Betriebswirtschaftslehre. Deren Betonung hat jedoch dazu geführt, dass die dringend benötigten Visionäre vom Aussterben bedroht sind. Und selbst wenn die Organisation einen Visionär hat, muss dieser zusätzlich die Fähigkeit besitzen, die Mitarbeiter von dieser Vision zu überzeugen, besser noch, zu begeistern.

Ein Controller kann das nicht. Das ist auch nicht seine Aufgabe. Er kann je nach Unternehmensgröße höchstens die Schar der Controller führen. Dem Thema Geschäftsentwicklung im Sinne von Innovation wird er immer skeptisch gegenüber stehen, weil Innovation zunächst Kosten verursacht und zudem Risiko bedeutet. Innovative Unternehmen bilden deshalb Geschäftsentwicklung und Controlling nicht in einer Person ab.

Die Bereitschaft bzw. der Mut zu investieren (der einen *Unternehmer* ausmacht), trägt auch die Bereitschaft des Scheiterns in sich. Mehr noch, sie bedeutet, etwas loszulassen, ein Risiko einzugehen und damit zuzulassen, dass etwas Neues entsteht (Meyer 2017). Ohne Angst vor Fehlern und um die eigene Position.

Prozesse, Prozesse, Prozesse

Die einen halten sich nicht daran, die anderen reiten darauf herum: Prozesse. Für das Top Management sind Prozesse Details, um die sich das Mittelmanagement zu kümmern hat. Manager, die nicht führen wollen, umgeben sich gern mit Prozessen, die sie von Führung entlasten sollen. Das geht nicht selten schief, weil Prozesse oft so gestaltet werden, dass sie das operative Geschäft bremsen, anstatt zu unterstützen.

Hier fehlt es den Managern oftmals nicht an den Skills zur Prozessdefinition, sondern der Nähe zur operativen Basis. Da Prozesse selbst *leben*, geht es darum, *lebendige* Prozesse zu definieren. Das bedingt einerseits, Handlungsspielräume für Manager zu definieren, andererseits die Prozesse immer wieder den Änderungen der Umwelt, des operativen Geschäfts und der Organisation anzupassen. Gelingt dies nicht, wird sich das negativ auf das Geschäft auswirken und obendrein steigen die Transaktionskosten.

Prozesse sollen das Geschäft unterstützen, können Führung jedoch nicht ersetzen.

Hidden Agenda – Die Vierte

Steuersparmodelle oder Börsengänge sind Beispiele dafür, Gewinne vor dem Fiskus zu verstecken oder Anlegern Geld aus der Tasche zu ziehen, ohne jemals einen Gegenwert dafür zu liefern.

In Bezug auf Steuersparmodelle ist es längst kein Geheimnis mehr, dass selbst bekannte Konzerne wie IKEA (Tauber 2016), Volkswagen (NDR Online 2017) oder Google (brt/AFP 2018) zumindest im Fokus der lokalen Finanzaufsicht stehen.

Kapitalerhöhungen, um der Insolvenz zu entgehen oder Börsengänge sind ein ebenso beliebtes Mittel. „Der vollkommen reale Börsengang eines fiktiven Unternehmens" (Dohms 2017), meist ein Konglomerat von Beteiligungen, dazu ein verklausuliertes Marketing-Papier mit Informationen, die potenzielle Investoren hören wollen – was gibt es besseres, um an Geld zu kommen. Dass dies trotz strenger Börsenregelungen nach dem Platzen der Dotcom-Blase im März 2000 immer noch möglich ist, sollte Anlegern zu denken geben und die entsprechenden Behörden endlich handeln lassen.

Es gibt genügend Beispiele dafür, wie viel kriminelle Energie in die Verschleierung von Tatsachen gesteckt wird, nur um Anleger zu täuschen und möglichst viel Kapital einzusammeln, welches sich dann in Luft auflöst. Das Ersinnen von Steuersparmodellen stellt keine Innovation dar, auch wenn solche Controller von ihrer Kreativität überzeugt sind.

Unternehmen sind Teil des Staates, in dem sie sesshaft sind und haben demzufolge eine Verantwortung für die Gemeinschaft. Je größer das Unternehmen, desto größer auch die Verantwortung.

Kosten(wahn)

Kostenbewusstsein kennt viele Ausprägungen und richtet damit mittel- und langfristig Schaden an. Hier nur einige Beispiele:

Reisekosten sollen durch Videokonferenzsysteme gespart werden. Deshalb werden Reiseantrags- und Genehmigungsprozesse künstlich erschwert, um das Kostenbewusstsein der Mitarbeiter zu schärfen. Dabei sind viele dieser Prozesse schon aufwändig genug oder gar sinnlos, wie z. B. in rein vertriebsorientierten Unternehmen. Wenn sich der Vertriebsmitarbeiter nur noch per Skype melden darf, dürfte sich die Kundenbeziehung bald in Luft auflösen. In der Regel gelten solche Anweisungen natürlich nicht für das Top Management.

Das Management vernachlässigt die *IT-Systeme*. Die IT-Systeme können dem schnell wachsenden Geschäft und dem sich verändernden Markt nicht ansatzweise folgen. Banken, Versicherungen und selbst IT-Firmen sind Beispiele dafür. Und das vor dem Hintergrund der potenziell wachsenden Cyberkriminalität. So bleibt die Digitale Transformation eine Phrase.

Das Top Management erwartet von den Mitarbeitern Innovation und spart am Budget für *Weiterbildungen*. Das ist in doppelter Hinsicht grober Unfug. Die ständig sinkende Halbwertszeit von Wissen setzt heute lebenslanges Lernen voraus. Das Top Management sollte das große Ziel im Blick halten und lediglich ein Budget vorgeben, welches die Mittelmanager in eigener Verantwortung ausgeben dürfen.

Zentralisierung versus Dezentralisierung

Eine weitere Ausprägung von Kostenwahn ist die Zentralisierung.

Ein Beispiel dafür ist das zentrale Controlling. Administrative Tätigkeiten werden aus den produktiven Organisationseinheiten herausgelöst oder gar von vornherein als Zentraleinheit aufgebaut. Die Vorteile liegen auf der Hand: Das ist auf den ersten Blick kostensparend, weil bei großen Strukturen durchaus weniger Controller benötigt werden. Und die Ersetzbarkeit bei Ressourcenengpässen, Krankheit, Urlaub, Weiterbildung ist ebenfalls ein Argument.

Der entscheidende Nachteil wird jedoch ignoriert: Ein zentraler Controller kann die Zahlen der Bereiche nicht erklären, weil er zu weit vom operativen Geschäft der betreffenden Bereiche entfernt ist und ihm dafür das Verständnis fehlt. Die Folge: Buchungen erfolgen im besten Falle nach korrekter Buchungslogik, jedoch nicht fachlich korrekt (z. B. Zuordnung zu falschen Projekten, Kostenstellen, Mandanten oder es werden falsche Abgrenzungen vorgenommen). Natürlich (oder hoffentlich) war dies keine Absicht, doch zumindest grob fahrlässig gehandelt durch das Management.

Für das Mittelmanagement schafft das eine permanente Rechtfertigungssituation, weil ständig Abweichungen von der Planung erläutert werden müssen, anstatt sich mit der Geschäftsentwicklung zu beschäftigen.

Je größer und diversifizierter ein Unternehmen ist, benötigt es nicht nur ein Konzerncontrolling, sondern auch ein Bereichscontrolling.

Ein anderes Beispiel ist die regelmäßige Diskussion im Vertrieb: Zentralvertrieb versus Regionalvertrieb. Geht es Unternehmen schlecht, wird oftmals der Regionalvertrieb abgebaut und auf zentralen Vertrieb gesetzt. Geht es dem Unternehmen besser, wird der Regionalvertrieb wieder verstärkt. Eigentlich unlogisch, sollte man meinen. Ein Regionalvertrieb ist immer näher am Kunden, daran ändern auch die neuen Kommunikationsmittel nichts. Das richtige Maß zu finden – genau das ist die Aufgabe von Management.

Ziele und Zielvereinbarungen

Zielvereinbarungen sind meist dazu da, einen Jahresbonus zu erhalten. Werden die Ziele falsch aufgesetzt, sind die besten Voraussetzungen für kreativen Betrug gegeben. Egal wie, das eigene Ziel muss erreicht werden.

Je nachdem, wie die Zielvereinbarung des Managements aussieht, werden die Bereiche so „massiert", dass das Gesamtbild stimmt. Kosten und/oder Umsatz werden so verschoben, dass der Deckungsbeitrag stimmt, je nachdem worauf der Fokus liegt.

Oder die Mitarbeiter manipulieren ihre persönliche Zielerreichung, in dem sie die Schwächen ihrer Zielvereinbarung ausnutzen. Erhält z. B. ein Vertriebsmitarbeiter mehrere Teilziele, bei denen die Nichterreichung eines Teilziels durch die Übererfüllung eines anderen Teilziels ausgeglichen werden kann, wird jeder Vertriebsmitarbeiter immer das verkaufen, was er besonders gut kann oder wofür er die höchste Provision erhält. Auf diese Weise werden die anderen Teilziele zum „Abfallprodukt" und die betroffenen Bereiche gehen leer aus.

Warum nicht die Mitarbeiter selbst ihre Zielvereinbarung erarbeiten lassen? Nur grob die Rahmenbedingungen vorgeben, z. B. die Messgrößen. Gelingt das, stehen die Mitarbeiter dahinter und das Management kann von einer Erreichung der Unternehmensziele ausgehen. Und Angst vor Übererfüllung ist unangebracht, denn jeder Euro mehr ist auch mehr Gewinn und darf ruhig geteilt werden.

Das „Gießkannen-Prinzip"
… meint Gleichmacherei und erinnert an den Kommunismus. Wenn das das Kriterium ist, dann herrscht dieser offensichtlich in vielen Unternehmen und Organisationen, vor allem, wenn es um die Zahlung von Gehältern und Boni geht. Gehaltserhöhungen erfolgen häufig nicht nach dem Leistungsprinzip bzw. den Ergebnissen, sondern nach dem „Gießkannen-Prinzip". Alle Mitarbeiter erhalten die gleiche prozentuale Gehaltserhöhung, auch die Abteilung mit dem schlechtesten Ergebnis. Das passiert nicht nur in Unternehmen und Organisationen mit Tarifverträgen. Hier fehlt die individuelle Wertschätzung des Mitarbeiters, die beste Grundlage für künftigen „Dienst nach Vorschrift".

Eine andere Form des „Gießkannen-Prinzips": Eine neu geschaffene oder schnell wachsende Abteilung schießt mit den Personalkosten übers Ziel hinaus, aber die eigentlichen Ziele werden nicht erreicht. Das Management zieht die Notbremse. Doch der eingetretene Verlust ist bereits so groß, dass nicht nur die betroffene Abteilung, sondern das gesamte Unternehmen darunter leiden muss: Einstellungsstopp, Investitionsstopp usw.

In beiden Fällen sind dann auch Mitarbeiter oder Bereiche betroffen, die im gleichen Zeitraum herausragende Ergebnisse erzielt haben. Wenn diese nicht honoriert werden, passt das nicht mit der Forderung nach Ideen und Innovation zusammen. Besser kann man Manager und Mitarbeiter nicht demotivieren.

Was Sie aus diesem *essential* mitnehmen können

- Strategien und Veränderungen funktionieren immer dann, wenn die Mitarbeiter frühzeitig eingebunden werden.
- Kommunikation ist kein alter Hut, sondern die Königsdisziplin der Manager.
- Wer von den Kosten/Ergebnissen her führt, wird nur bedingt erfolgreich sein. Wer den Input intelligent steuert und risikobereit auf Innovation setzt, hat das gesamte Führungsspektrum zur Verfügung.

© Springer Fachmedien Wiesbaden GmbH, ein Teil von Springer Nature 2018
H. J. Hoppe, *Hidden Agenda,* essentials,
https://doi.org/10.1007/978-3-658-22452-3

Epilog

Wie ist es Ihnen beim Lesen ergangen? Sie werden mit Sicherheit einige der beschriebenen Situationen auch in Ihrem Umfeld wiedererkannt haben. Und Sie werden in einigen Situationen Ihren eigenen Anteil entdeckt haben. Wenn die geschilderten Situationen Sie zur Selbstreflexion angeregt haben, dann sind Sie auf einem guten Weg.

Jeder Manager und Mitarbeiter muss für sich entscheiden, ob er/sie diesen täglichen Führungswahnsinn mitmachen will. Jeder Mensch, egal ob Top Manager, Mittelmanager oder Mitarbeiter hat nach Sprenger die Wahlfreiheit (Sprenger 2013). Sie haben die Situation, in der Sie sich befinden, selbst gewählt. Sie abzuwählen, sich anders zu entscheiden, steht Ihnen frei. In beiden Fällen zahlen Sie einen Preis und Sie müssen die Verantwortung für die Konsequenzen übernehmen.

So gefährlich die *Hidden Agenda* auch ist. Sie ist zugleich eine Aufforderung, Situationen zu „lesen", sich dabei zu reflektieren, eigene Stärken und Schwächen zu kennen, um den Tisch herumzugehen und die Sicht des Anderen einzunehmen, gut vernetzt zu sein, eine Lobby zu haben usw. Nur so können Fallen erkannt und Fehler vermieden werden.

Gerade für das Mittelmanagement zählen nicht nur die Ergebnisse. Sticht eine Führungskraft mit exzellenten Ergebnissen heraus und der Erfolg passt nicht ins Konzept des Top Managements, kann auch das ihr Ende bedeuten. Das Mittelmanagement muss täglich den Spagat zwischen Führung und geführt werden meistern. Wer dabei nur Gefahren sieht, wird ebenso wenig überleben, wie derjenige, der in eine Falle tappt. Die Kunst der Führung besteht auch darin, Situationen umdeuten zu lernen. Aus Gefahren Chancen zu entwickeln oder nach Watzlawick, das Gute im Schlechten zu erkennen.

Unternehmen, die nachhaltig am Markt agieren wollen, müssen sich immer wieder neu erfinden. Optimierung hat ihre Grenzen – auf Innovation kommt es

© Springer Fachmedien Wiesbaden GmbH, ein Teil von Springer Nature 2018
H. J. Hoppe, *Hidden Agenda*, essentials,
https://doi.org/10.1007/978-3-658-22452-3

an. Unternehmen, die nach dem Gusto agieren: „Wir sparen uns reich", begrenzen sich im Wachstum, werden zu Übernahmekandidaten oder vom Markt verschwinden. Es ist ganz offensichtlich uneffektiv, „von hinten", also von den Ergebnissen her zu führen, sondern der Input muss intelligent gesteuert werden. Wer „von vorn" steuert, hat das gesamte Führungsspektrum zur Verfügung.

Nicht nur Mitarbeiter, sondern zuerst Führungskräfte brauchen Kriterien, an denen sie gemessen werden. Zudem erscheint eine Arbeitsteilung sinnvoll: der Vorstand ist für die Innovation verantwortlich, der Finanzvorstand für die Budgets. Hoffentlich agieren beide wie Alpha und Omega, denn nur im sachlichen Streit kann etwas Gutes entstehen. Die Kriterien dafür müssen nicht erst erfunden werden: Ergebnis, Effizienz, Innovation, Motivation, Fluktuation.

Der Lohn guter Führung ist dann offensichtlich: Die Stimmung ist gut, die Leistungsbereitschaft hoch. Sieben Mitarbeiter erreichen dann in der gleichen Zeit so viel wie 10. Veränderungen werden aktiv mitgetragen und nicht blockiert. Wer gern zur Arbeit geht, denkt nicht an Kündigung. Der Weg für Innovationen ist frei.

Zum Glück für uns alle gibt es viele Beispiele für tolle Innovationen. Stellvertretend seien hier nur zwei genannt:

Aufzugstechnik Der Größenwahn einiger Bauherren, immer höhere Gebäude zu errichten, stellt auch die Hersteller von Aufzügen vor neue Herausforderungen. Eine Fahrt über 200 Stockwerke ist technisch nicht möglich und die Nutzer müssen mindestens einmal den Aufzug wechseln. Hintergrund ist das Eigengewicht der Seile, die ab einer bestimmten Länge unter ihrem Eigengewicht zerreißen würden. Demzufolge hat Thyssenkrupp die „gescheiterte" Technologie der Magnetschwebebahn über Jahre so weiterentwickelt, dass sie Ende des Jahrzehnts in Aufzügen für extrem hohe Gebäude zum Einsatz kommen könnte. Und dies mit vielen positiven Nebeneffekten: geringe Wartezeit, mehrere „Körbe" sind im gleichen Schacht unterwegs, nicht nur vertikal, sondern auch horizontal, bei höheren Geschwindigkeiten (Seidler 2017).

Bio-Datenspeicher Forschern in den USA ist es gelungen, digitale Bilder und Filmaufnahmen in der DNA von Bakterien zu speichern. Ihr Ziel ist es, dass Zellen ihre eigenen Entwicklungsprozesse im Erbgut aufzeichnen. Gelänge das, wäre das eine bahnbrechende Innovation für die Medizin. Vom Fahrtenschreiber des Lebens wird gesprochen und dem Menschen mit einer lebenden Krankenakte (Shipman et al. 2017).

Solche Innovationen verdienen höchsten Respekt. Sicher wird nicht alles, woran heute geforscht wird, zum Erfolg werden oder sich massenhaft durchsetzen. Doch wo kein Versuch, dort keine Innovation und kein Fortschritt.

Deshalb benötigt Innovation entsprechende Rahmenbedingungen: persönliche und wirtschaftliche Freiheit. Machtgehabe und Hidden Agenda stehen dem im Wege. Innovation setzt zudem Kreativität voraus. Wenn jedoch im 21. Jahrhundert immer noch Kriege geführt werden, in denen sich Menschen aufgrund von Glauben (nicht Wissen) verfolgen, vertreiben oder gar gegenseitig abschlachten, anstatt gemeinsam an einer besseren Welt zur arbeiten und zu forschen, dann kann es nur eine Schlussfolgerung geben: *Bildung ist die Wurzel allen Fortschritts!*

Bildung ist zugleich die größte Herausforderung in der Welt der Führung. Oder mit den Worten Maliks gesprochen: Es wird Zeit, dass Führung endlich als Beruf anerkannt und entsprechend ausgebildet wird. Bei Fachkräften wird längst so verfahren.

Ein kluger Manager kennt den Wert seiner Mannschaft und weiß diese(n) zu schätzen. Wer heute ein Schiff bauen und in See stechen will, braucht eine professionelle Mannschaft. Gelingt es dem Kapitän – und gleichermaßen dem Manager – der Mannschaft Weg und Ziel zu geben, in denen jeder für sich einen Sinn sieht, dann wird die Mannschaft alle Kräfte mobilisieren, allen Stürmen trotzen und das Ziel erreichen.

Literatur

aar/AFP, 03.01.2018: *Mein Atomwaffenknopf ist größer als seiner*; Spiegel Online. http://www.spiegel.de/politik/ausland/donald-trump-reagiert-auf-kim-jong-un-mein-atom-knopf-ist-groesser-als-seiner-a-1185950-druck.html; Zugegriffen: 03.01.2018.

Amann, M.: *Vorschläge? Unerwünscht!*; Spiegel 28/2017, 31.

Asche, C. 2014: *Der Untergang des Handy-Riesen – darum ist Nokia gescheitert*; HuffPost Deutschland.   http://www.huffingtonpost.de/2014/04/29/nokia-gescheitert_n_5230806.html; Zugegriffen: 29.12.2017.

Backhausen, W. 2009: *Management 2. Ordnung*; Gabler Verlag.

beb/dpa, 24.11.2017: *Küchenhersteller Alno muss Betrieb einstellen*; Spiegel Online. http://www.spiegel.de/wirtschaft/unternehmen/alnoverkaufgescheitertkuechenherstellermussbetriebeinstellena1180103.html; Zugegriffen: 24.11.2017.

brt/AFP, 03.01.2018: Google umging Steuern in Milliardenhöhe; Spiegel Online. http://www.spiegel.de/wirtschaft/unternehmen/googlesandwichkonstruktsparteoffenbarmilliardenansteuerna1186089.html; Zugegriffen: 06.01.2018.

Buchholz, U./Knorre, S. 2017: *Interne Kommunikation in agilen Unternehmen*; Springer Gabler.

Dahlkamp, J./Dohmen, F./Hawranek, D./Schmid, F.: *Der perfekte Sturm*; Spiegel 28/2017, 76–79.

Deuermeier, D., 05.10.2017: *„miscommunicator-in-chief"*; Spiegel Online. http://www.spiegel.de/politik/deutschland/nachrichten-am-morgen-die-news-in-echtzeit-a-1170298.html; Zugegriffen: 05.10.2017.

de Saint-Exupéry, A. 1939: *Terre des hommes*. (Dt. Übersetzung: *Wind, Sand und Sterne*). Karl Rauch Verlag GmbH & Co. KG; Auflage: Neuausgabe 2010.

de Souza Soares, P.A./Müller, E. 2018: *Die Rattenfänger von Digitalien*; Manager Magazin 2/2018. 68–77.

Dohmen, F./Hawranek, D.: *Das Auto-Syndikat*; Spiegel 30/2017, 12–19.

Dohms, H.-R. 2017: *Der vollkommen reale Börsengang eines teilweise fiktiven Unternehmens*; Manager Magazin.   http://www.manager-magazin.de/finanzen/boerse/naga-ag-boersenhype-um-teilweise-fiktives-fintec-unternehmen-a-1157589.html; Zugegriffen: 13.07.2017.

© Springer Fachmedien Wiesbaden GmbH, ein Teil von Springer Nature 2018
H. J. Hoppe, *Hidden Agenda*, essentials,
https://doi.org/10.1007/978-3-658-22452-3

dpa, 10.03.2016: *Energieriesen haben Energiewende verschlafen*, Verivox. https://www. verivox.de/nachrichten/energieriesen-haben-energiewende-verschlafen-109100/; Zugegriffen: 29.12.2017.

Drucker, P.F. 2002: *Was ist Management? Das Beste aus 50 Jahren*; ECON Verlag.

Dörner, D. 1989: *Die Logik des Misslingens*; Rowohlt-Verlag.

Elger, K./Müller, A-K./Neukirch, R./Pfister, R./Reiermann, C./Wiedmann-Schmidt, W.: *Verlorene Posten*; Spiegel 45/2017, 28–31.

Gallup Germany. 2017, *Gallup Engagement Index 2016* http://www.gallup.de/183104/ engagement-index-deutschland.aspx.; Zugegriffen: 13.04.2017.

Hesse, M.: *Der Geruch des schnellen Geldes*; Spiegel 45/2017, 76–77.

Hoppe, H.J./Jünger, J./Esche, T. 2017: *Wie Unternehmen von Theater profitieren können*; Springer Gabler.

Itten, T. 2016: *Größenwahn, Ursachen und Folgen der Selbstüberschätzung*; Orell Füssli Verlag AG, Zürich.

Leonhardt, D./Thompson, S.A. 21.07.2017: *Trump's Lies*; The New York Times. https://www. nytimes.com/interactive/2017/06/23/opinion/trumps-lies.html; Zugegriffen: 21.07.2017.

Malik, F. 2006: *Führen, Leisten, Leben;* Campus Verlag.

Malik, F. 2011: *Strategie. Navigieren in der Komplexität der Neuen Welt*; Campus Verlag.

max/dpa/AFP, 08.06.2017: *Das Wichtigste aus Comeys Erklärung*; Spiegel Online. http:// www.spiegel.de/politik/ausland/james-comey-das-wichtigste-aus-der-erklaerung-des-ex-fbi-direktors-a-1151135.html; Zugegriffen: 08.06.2017.

Mehringer, M./Noé, M. 2017: *Underperformer aggressiv auf Kurs bringen*; Manager Magazin. http://www.manager-magazin.de/unternehmen/artikel/nestle-ulf-mark-schneider-will-konzern-massiv-umbauen-a-1158827.html; Zugegriffen: 21.07.2017.

Meyer, U. 2017: *Ethik des Anleitens – Beispiele zeitgemäßer Unternehmenskultur*; Verlag Urachhaus.

NDR (Online) 28.10.2017: *Volkswagen nutzt Luxemburg zum Steuernsparen*; http:// www.ndr.de/nachrichten/niedersachsen/braunschweig_harz_goettingen/Volkswagen-nutzt-Luxemburg-zum-Steuernsparen,vw3950.html; Zugegriffen: 03.11.2017.

Okun, B./Hoppe, H.J. 2017: *Die große Führungskrise – Ein Manifest neuer Führung*; Verlag Springer Gabler.

Rapp, T.: *Systemische Blindheit*; Spiegel 46/2016, 131–132.

Reuters. 2017: *Libor Skandal: Deutsche Bank zahlt 77 Millionen Dollar*; Frankfurter Allgemeine Zeitung. http://www.faz.net/aktuell/wirtschaft/unternehmen/deutsche-bank-zahlt-77-millionen-…; Zugegriffen: 22.07.2017.

rtr/dpa. 20.11.2017: *Jamaika geplatzt – FDP bricht Sondierungsgespräche endgültig ab*; Wirtschaftswoche. http://www.wiwo.de/politik/deutschland/jamaika-geplatzt-fdp-bricht-sondierungsgespraeche-endgueltig-ab/20605070.html; Zugegriffen: 22.11.2017.

Sattelberger, T. 2018: *Die überforderten Klempner der Macht*; Manager Magazin 02/2018, 42.

Schmalz, A./Kopietz, A., 2017: *Exzess in Hamburg: Polizisten hausten in Baracken, Führung logierte im Luxushotel*; Berliner Zeitung. http://www.berliner-zeitung. de/27867324, Zugegriffen: 27.06.2017.

Seidler, C. 2017: *Deutsche Ingenieure erfinden den Aufzug neu*; Spiegel Online. www. spiegel.de/wissenschaft/technik/thyssenkruppfahrstuhlohneseileimtestturmrottweila 1152604.html; Zugegriffen: 22.06.2017.

Shipman, S.L./Nivala, J./Macklis, J.D./Church, G.M. 2017: *CRISPR – Cas encoding of a digital movie into the genomes of a population of living bacteria*; Nature Journal. doi:10.1038/nature23017 http://www.nature.com/nature/journal/v547/n7663/full/nature23017.html; Zugegriffen: 24.07.2017.

Sprenger, R.K. 2013: *An der Freiheit des anderen kommt keiner vorbei*; Campus Verlag.

Tauber, A. 13.02.2016: *Mit diesen Tricks reduziert IKEA seine Steuerlast*; Welt Online. https://www.welt.de/wirtschaft/article152207581/Mit-diesen-Tricks-reduziert-Ikea-seine-Steuerlast.html; Zugegriffen: 16.02.2016.

Vester, F. 2002: *Die Kunst, vernetzt zu denken – Ideen und Werkzeuge für einen neuen Umgang mit Komplexität*; Deutscher Taschenbuch Verlag.